*Das 1. Lehrbuch
aus dem Alten Testament der Bibel*

Das Buch Hiob

*Wie ein Mensch in größte Not gerät,
mit Gott streitet
und doch an ihm festhält*

*Übersetzung nach
Martin Luther 1545*

Bibliografische Information der Deutschen Nationalbibliothek:
Die Deutsche Nationalbibliothek verzeichnet diese Publikation in der Deutschen Nationalbibliografie; detaillierte bibliografische Daten sind im Internet über http://dnb.dnb.de abrufbar.

TWENTYSIX – Der Self-Publishing-Verlag
Eine Kooperation zwischen der Verlagsgruppe Random House und BoD – Books on Demand

Herstellung und Verlag:
BoD – Books on Demand, Norderstedt

ISBN: 978-3-740-76794-5

Übersetzung: **Martin Luther 1545**

Layout, Schriftsatz, Formatierung:
Antonia Katharina Tessnow
www.antonia-katharina.de

1. Kapitel

Wohlstand des frommen Hiob; seine Gelassenheit in schweren Prüfungen.

1 Es war ein Mann im Lande Uz, der hieß Hiob. Derselbe war schlecht und recht, gottesfürchtig und mied das Böse.

2 Und zeugte sieben Söhne und drei Töchter;

3 und seines Viehs waren siebentausend Schafe, dreitausend Kamele, fünfhundert Joch Rinder und fünfhundert Eselinnen, und er hatte viel Gesinde; und er war herrlicher denn alle, die gegen Morgen wohnten.

4 Und seine Söhne gingen und machten ein Mahl, ein jeglicher in seinem Hause auf seinen Tag, und sandten hin und luden ihre drei Schwestern, mit ihnen zu essen und zu trinken.

5 Und wenn die Tage des Mahls um waren, sandte Hiob hin und heiligte sie und machte sich des Morgens früh auf und opferte Brandopfer nach ihrer aller

Zahl; denn Hiob gedachte: Meine Söhne möchten gesündigt und Gott abgesagt haben in ihrem Herzen. Also tat Hiob allezeit.

6 Es begab sich aber auf einen Tag, da die Kinder Gottes kamen und vor den HERRN traten, kam der Satan auch unter ihnen.

7 Der HERR aber sprach zu dem Satan: Wo kommst du her? Satan antwortete dem HERRN und sprach: Ich habe das Land umher durchzogen.

8 Der HERR sprach zu Satan: Hast du nicht achtgehabt auf meinen Knecht Hiob? Denn es ist seinesgleichen nicht im Lande, schlecht und recht, gottesfürchtig und meidet das Böse.

9 Der Satan antwortete dem HERRN und sprach: Meinst du, daß Hiob umsonst Gott fürchtet?

10 Hast du doch ihn, sein Haus und alles, was er hat, ringsumher verwahrt. Du hast das Werk seiner Hände gesegnet, und sein Gut hat sich ausgebreitet im Lande.

11 Aber recke deine Hand aus und taste an alles, was er hat: was gilt's, er wird dir ins Angesicht absagen?

12 Der HERR sprach zum Satan: Siehe, alles, was er hat, sei in deiner Hand; nur an ihn selbst lege deine Hand nicht. Da ging der Satan aus von dem HERRN.

13 Des Tages aber, da seine Söhne und Töchter aßen und Wein tranken in ihres Bruders Hause, des Erstgeborenen,

14 kam ein Bote zu Hiob und sprach: Die Rinder pflügten, und die Eselinnen gingen neben ihnen auf der Weide,

15 da fielen die aus Saba herein und nahmen sie und schlugen die Knechte mit der Schärfe des Schwerts; und ich bin allein entronnen, daß ich dir's ansagte.

16 Da er noch redete, kam ein anderer und sprach: Das Feuer Gottes fiel vom Himmel und verbrannte Schafe und Knechte und verzehrte sie; und ich bin allein entronnen, daß ich dir's ansagte.

17 Da der noch redete, kam einer und sprach: Die Chaldäer machte drei Rotten und überfielen die Kamele und nahmen sie und schlugen die Knechte mit der Schärfe des Schwerts; und ich bin allein entronnen, daß ich dir's ansagte.

18 Da der noch redete, kam einer und sprach: Deine Söhne und Töchter aßen

und tranken im Hause ihres Bruders, des Erstgeborenen,

19 Und siehe, da kam ein großer Wind von der Wüste her und stieß auf die vier Ecken des Hauses und warf's auf die jungen Leute, daß sie starben; und ich bin allein entronnen, daß ich dir's ansagte.

20 Da stand Hiob auf und zerriß seine Kleider und raufte sein Haupt und fiel auf die Erde und betete an

21 und sprach: Ich bin nackt von meiner Mutter Leibe gekommen, nackt werde ich wieder dahinfahren. Der HERR hat's gegeben, der HERR hat's genommen; der Name des HERRN sei gelobt.

22 In diesem allem sündigte Hiob nicht und tat nichts Törichtes wider Gott.

2. Kapitel

Hiob vom Satan vor Gott weiter verklagt mit Krankheit geschlagen, von seinem Weibe gekränkt und von drei Freunden besucht.

1 Es begab sich aber des Tages, da die Kinder Gottes kamen und traten vor den

HERRN, daß der Satan auch unter ihnen kam und vor den HERRN trat.

2 Da sprach der HERR zu dem Satan: Wo kommst du her? Der Satan antwortete dem HERRN und sprach: Ich habe das Land umher durchzogen.

3 Der HERR sprach zu dem Satan: Hast du nicht acht auf meinen Knecht Hiob gehabt? Denn es ist seinesgleichen im Lande nicht, schlecht und recht, gottesfürchtig und meidet das Böse und hält noch fest an seiner Frömmigkeit; du aber hast mich bewogen, daß ich ihn ohne Ursache verderbt habe.

4 Der Satan antwortete dem HERRN und sprach: Haut für Haut; und alles was ein Mann hat, läßt er für sein Leben.

5 Aber recke deine Hand aus und taste sein Gebein und Fleisch an: was gilt's, er wird dir ins Angesicht absagen?

6 Der HERR sprach zu dem Satan: Siehe da, er ist in deiner Hand; doch schone seines Lebens!

7 Da fuhr der Satan aus vom Angesicht des HERRN und schlug Hiob mit bösen Schwären von der Fußsohle an bis auf seinen Scheitel.

8 Und er nahm eine Scherbe und schabte sich und saß in der Asche.

9 Und sein Weib sprach zu ihm: Hältst du noch fest an deiner Frömmigkeit? Ja, sage Gott ab und stirb!

10 Er aber sprach zu ihr: Du redest, wie die närrischen Weiber reden. Haben wir Gutes empfangen von Gott und sollten das Böse nicht auch annehmen? In diesem allem versündigte sich Hiob nicht mit seinen Lippen.

11 Da aber die drei Freunde Hiobs hörten all das Unglück, das über ihn gekommen war, kamen sie, ein jeglicher aus seinem Ort: Eliphas von Theman, Bildad von Suah und Zophar von Naema. Denn sie wurden eins, daß sie kämen, ihn zu beklagen und zu trösten.

12 Und da sie ihre Augen aufhoben von ferne, kannten sie ihn nicht und hoben auf ihre Stimme und weinten, und ein jeglicher zerriß sein Kleid, und sie sprengten Erde auf ihr Haupt gen Himmel

13 und saßen mit ihm auf der Erde sieben Tage und sieben Nächte und redeten nichts mit ihm; denn sie sahen, daß der Schmerz sehr groß war.

3. Kapitel

Hiobs Klage

1 Darnach tat Hiob seinen Mund auf und verfluchte seinen Tag.

2 Und Hiob sprach:

3 Der Tag müsse verloren sein, darin ich geboren bin, und die Nacht, welche sprach: Es ist ein Männlein empfangen!

4 Derselbe Tag müsse finster sein, und Gott von obenherab müsse nicht nach ihm fragen; kein Glanz müsse über ihn scheinen!

5 Finsternis und Dunkel müssen ihn überwältigen, und dicke Wolken müssen über ihm bleiben, und der Dampf am Tage mache ihn gräßlich!

6 Die Nacht müsse Dunkel einnehmen; sie müsse sich nicht unter den Tagen des Jahres freuen noch in die Zahl der Monden kommen!

7 Siehe, die Nacht müsse einsam sein und kein Jauchzen darin sein!

8 Es müssen sie verfluchen die Verflucher des Tages und die da bereit sind, zu erregen den Leviathan!

9 Ihre Sterne müssen finster sein in ihrer Dämmerung; sie hoffe aufs Licht, und es komme nicht, und müsse nicht sehen die Wimpern der Morgenröte,

10 darum daß sie nicht verschlossen hat die Tür des Leibes meiner Mutter und nicht verborgen das Unglück vor meinen Augen!

11 Warum bin ich nicht gestorben von Mutterleib an? Warum bin ich nicht verschieden, da ich aus dem Leibe kam?

12 Warum hat man mich auf den Schoß gesetzt? Warum bin ich mit Brüsten gesäugt?

13 So läge ich doch nun und wäre still, schliefe und hätte Ruhe

14 mit den Königen und Ratsherren auf Erden, die das Wüste bauen,

15 oder mit den Fürsten, die Gold haben und deren Häuser voll Silber sind.

16 Oder wie eine unzeitige Geburt, die man verborgen hat, wäre ich gar nicht, wie Kinder, die das Licht nie gesehen haben.

17 Daselbst müssen doch aufhören die Gottlosen mit Toben; daselbst ruhen doch, die viel Mühe gehabt haben.

18 Da haben doch miteinander Frieden die Gefangenen und hören nicht die Stimme des Drängers.

19 Da sind beide, klein und groß, und der Knecht ist frei von seinem Herrn.

20 Warum ist das Licht gegeben dem Mühseligen und das Leben den betrübten Herzen

21 (die des Todes warten, und er kommt nicht, und grüben ihn wohl aus dem Verborgenen,

22 die sich sehr freuten und fröhlich wären, wenn sie ein Grab bekämen),

23 dem Manne, dessen Weg verborgen ist und vor ihm von Gott verzäunt ward?

24 Denn wenn ich essen soll, muß ich seufzen, und mein Heulen fährt heraus wie Wasser.

25 Denn was ich gefürchtet habe ist über mich gekommen, und was ich sorgte, hat mich getroffen.

26 War ich nicht glückselig? War ich nicht fein stille? Hatte ich nicht gute Ruhe? Und es kommt solche Unruhe!

4. Kapitel

Des Eliphas' erste Rede:
Gott straft keinen Unschuldigen

1 Da antwortete Eliphas von Theman und sprach:

2 Du hast's vielleicht nicht gern, so man versucht, mit dir zu reden; aber wer kann sich's enthalten?

3 Siehe, du hast viele unterwiesen und lässige Hände gestärkt;

4 deine Rede hat die Gefallenen aufgerichtet, und die bebenden Kniee hast du gekräftigt.

5 Nun aber es an dich kommt, wirst du weich; und nun es dich trifft, erschrickst du.

6 Ist nicht deine Gottesfurcht dein Trost, deine Hoffnung die Unsträflichkeit deiner Wege?

7 Gedenke doch, wo ist ein Unschuldiger umgekommen? oder wo sind die Gerechten je vertilgt?

8 Wie ich wohl gesehen habe: die da Mühe pflügen und Unglück säten, ernteten es auch ein;

9 durch den Odem Gottes sind sie umgekommen und vom Geist seines Zorns vertilgt.

10 Das Brüllen der Löwen und die Stimme der großen Löwen und die Zähne der jungen Löwen sind zerbrochen.

11 Der Löwe ist umgekommen, daß er nicht mehr raubt, und die Jungen der Löwin sind zerstreut.

12 Und zu mir ist gekommen ein heimlich Wort, und mein Ohr hat ein Wörtlein davon empfangen.

13 Da ich Gesichte betrachtete in der Nacht, wenn der Schlaf auf die Leute fällt,

14 da kam mich Furcht und Zittern an, und alle meine Gebeine erschraken.

15 Und da der Geist an mir vorüberging standen mir die Haare zu Berge an meinem Leibe.

16 Da stand ein Bild vor meinen Augen, und ich kannte seine Gestalt nicht; es war still, und ich hörte eine Stimme:

17 Wie kann ein Mensch gerecht sein vor Gott? oder ein Mann rein sein vor dem, der ihn gemacht hat?

18 Siehe, unter seinen Knechten ist keiner ohne Tadel, und seine Boten zeiht

er der Torheit: [Bedenke: seinen Dienern kann er nicht trauen, und seinen Engeln legt er Mängel zur Last (1)]

19 wie viel mehr die in Lehmhäusern wohnen und auf Erde gegründet sind und werden von Würmern gefressen!

20 Es währt vom Morgen bis an den Abend, so werden sie zerschlagen; und ehe sie es gewahr werden, sind sie gar dahin,

21 und ihre Nachgelassenen vergehen und sterben auch unversehens.

5. Kapitel

Fortsetzung: der Gottlose geht zugrunde; wer sich beugt unter Gott, der wird gerettet.

1 Rufe doch! was gilts, ob einer dir antworte? Und an welchen von den Heiligen willst du dich wenden?

2 Einen Toren aber erwürgt wohl der Unmut, und den Unverständigen tötet der Eifer.

3 Ich sah einen Toren eingewurzelt, und ich fluchte plötzlich seinem Hause. [Ich

selbst habe einen Narren gesehen, der Wurzel schlug, und sogleich verfluchte ich seine Wohnung. (2)]

4 Seine Kinder werden fern sein vom Heil und werden zerschlagen werden im Tor, da kein Erretter sein wird.

5 Seine Ernte wird essen der Hungrige und auch aus den Hecken sie holen, und sein Gut werden die Durstigen aussaufen.

6 Denn Mühsal aus der Erde nicht geht und Unglück aus dem Acker nicht wächst;

7 sondern der Mensch wird zu Unglück geboren, wie die Vögel schweben, emporzufliegen.

8 Ich aber würde zu Gott mich wenden und meine Sache vor ihn bringen,

9 der große Dinge tut, die nicht zu erforschen sind, und Wunder, die nicht zu zählen sind:

10 der den Regen aufs Land gibt und läßt Wasser kommen auf die Gefilde;

11 der die Niedrigen erhöht und den Betrübten emporhilft.

12 Er macht zunichte die Anschläge der Listigen, daß es ihre Hand nicht ausführen kann;

13 er fängt die Weisen in ihrer Listigkeit und stürzt der Verkehrten Rat,

14 daß sie des Tages in der Finsternis laufen und tappen am Mittag wie in der Nacht.

15 Er hilft den Armen von dem Schwert, von ihrem Munde und von der Hand des Mächtigen,

16 und ist des Armen Hoffnung, daß die Bosheit wird ihren Mund müssen zuhalten.

17 Siehe, selig ist der Mensch, den Gott straft; darum weigere dich der Züchtigung des Allmächtigen nicht.

18 Denn er verletzt und verbindet; er zerschlägt und seine Hand heilt.

19 Aus sechs Trübsalen wird er dich erretten, und in der siebenten wird dich kein Übel rühren:

20 in der Teuerung wird er dich vom Tod erlösen und im Kriege von des Schwertes Hand;

21 Er wird dich verbergen vor der Geißel Zunge, daß du dich nicht fürchtest vor dem Verderben, wenn es kommt;

22 im Verderben und im Hunger wirst

du lachen und dich vor den wilden Tieren im Lande nicht fürchten;

23 sondern sein Bund wird sein mit den Steinen auf dem Felde, und die wilden Tiere im Lande werden Frieden mit dir halten.

24 Und du wirst erfahren, daß deine Hütte Frieden hat, und wirst deine Behausung versorgen und nichts vermissen,

25 und wirst erfahren, daß deines Samens wird viel werden und deine Nachkommen wie das Gras auf Erden,

26 und wirst im Alter zum Grab kommen, wie Garben eingeführt werden zu seiner Zeit.

27 Siehe, das haben wir erforscht und ist also; dem gehorche und merke du dir's.

6. Kapitel

*Hiob rechtfertigt seinen Jammer
und klagt über die Härte der Freunde.*

1 Hiob antwortete und sprach:
2 Wenn man doch meinen Unmut wöge

und mein Leiden zugleich in die Waage legte!

3 Denn nun ist es schwerer als Sand am Meer; darum gehen meine Worte irre.

4 Denn die Pfeile des Allmächtigen stecken in mir: derselben Gift muß mein Geist trinken, und die Schrecknisse Gottes sind auf mich gerichtet.

5 Das Wild schreit nicht, wenn es Gras hat; der Ochse blökt nicht, wenn er sein Futter hat.

6 Kann man auch essen, was ungesalzen ist? Oder wer mag kosten das Weiße um den Dotter?

7 Was meine Seele widerte anzurühren, das ist meine Speise, mir zum Ekel.

8 O, daß meine Bitte geschähe und Gott gäbe mir, was ich hoffe!

9 Daß Gott anfinge und zerschlüge mich und ließe seine Hand gehen und zerscheiterte mich!

10 So hätte ich nun Trost, und wollte bitten in meiner Krankheit, daß er nur nicht schonte, habe ich doch nicht verleugnet die Reden des Heiligen.

11 Was ist meine Kraft, daß ich möge

beharren? und welches ist mein Ende, daß meine Seele geduldig sein sollte?

12 Ist doch meine Kraft nicht steinern und mein Fleisch nicht ehern.

13 Habe ich doch nirgend Hilfe, und mein Vermögen ist dahin.

14 Wer Barmherzigkeit seinem Nächsten verweigert, der verläßt des Allmächtigen Furcht.

15 Meine Brüder trügen wie ein Bach, wie Wasserströme, die vergehen,

16 die trübe sind vom Eis, in die der Schnee sich birgt:

17 zur Zeit, wenn sie die Hitze drückt, versiegen sie; wenn es heiß wird, vergehen sie von ihrer Stätte.

18 Die Reisezüge gehen ab vom Wege, sie treten aufs Ungebahnte und kommen um;

19 die Reisezüge von Thema blicken ihnen nach, die Karawanen von Saba hofften auf sie:

20 aber sie wurden zu Schanden über ihrer Hoffnung und mußten sich schämen, als sie dahin kamen.

21 So seid ihr jetzt ein Nichts geworden,

und weil ihr Jammer sehet, fürchtet ihr euch.

22 Habe ich auch gesagt: Bringet her von eurem Vermögen und schenkt mir

23 und errettet mich aus der Hand des Feindes und erlöst mich von der Hand der Gewalttätigen?

24 Lehret mich, so will ich schweigen; und was ich nicht weiß, darin unterweist mich.

25 Warum tadelt ihr rechte Rede? Wer ist unter euch, der sie strafen könnte?

26 Gedenket ihr, Worte zu strafen? Aber eines Verzweifelten Rede ist für den Wind.

27 Ihr fielet wohl über einen armen Waisen her und grübet eurem Nachbarn Gruben.

28 Doch weil ihr habt angehoben, sehet auf mich, ob ich vor euch mit Lügen bestehen werde.

29 Antwortet, was recht ist; meine Antwort wird noch recht bleiben.

30 Ist denn auf meiner Zunge Unrecht, oder sollte mein Gaumen Böses nicht merken?

7. Kapitel

*Fortsetzung: Hiob bittet Gott,
entweder seinem Leben ein Ende zu machen
oder sein zu schonen.*

1 Muß nicht der Mensch immer im Streit sein auf Erden, und sind seine Tage nicht wie eines Tagelöhners?

2 Wie ein Knecht sich sehnt nach dem Schatten und ein Tagelöhner, daß seine Arbeit aus sei,

3 also habe ich wohl ganze Monden vergeblich gearbeitet, und elender Nächte sind mir viel geworden.

4 Wenn ich mich legte, sprach ich: Wann werde ich aufstehen? Und der Abend ward mir lang; ich wälzte mich und wurde des satt bis zur Dämmerung.

5 Mein Fleisch ist um und um wurmig und knotig; meine Haut ist verschrumpft und zunichte geworden.

6 Meine Tage sind leichter dahingeflogen denn die Weberspule und sind vergangen, daß kein Aufhalten dagewesen ist.

7 Gedenke, daß mein Leben ein Wind

ist und meine Augen nicht wieder Gutes sehen werden.

8 Und kein lebendiges Auge wird mich mehr schauen; sehen deine Augen nach mir, so bin ich nicht mehr.

9 Eine Wolke vergeht und fährt dahin: also, wer in die Hölle hinunterfährt, kommt nicht wieder herauf

10 und kommt nicht wieder in sein Haus, und sein Ort kennt ihn nicht mehr.

11 Darum will ich auch meinem Munde nicht wehren; ich will reden in der Angst meines Herzens und will klagen in der Betrübnis meiner Seele.

12 Bin ich denn ein Meer oder ein Meerungeheuer, daß du mich so verwahrst?

13 Wenn ich gedachte: Mein Bett soll mich trösten, mein Lager soll mir meinen Jammer erleichtern,

14 so erschrecktest du mich mit Träumen und machtest mir Grauen durch Gesichte,

15 daß meine Seele wünschte erstickt zu sein und meine Gebeine den Tod.

16 Ich begehre nicht mehr zu leben. Laß ab von mir, denn meine Tage sind eitel.

17 Was ist ein Mensch, daß du ihn groß achtest und bekümmerst dich um ihn?

18 Du suchst ihn täglich heim und versuchst ihn alle Stunden.

19 Warum tust du dich nicht von mir und lässest mich nicht, bis ich nur meinen Speichel schlinge?

20 Habe ich gesündigt, was tue ich dir damit, o du Menschenhüter? Warum machst du mich zum Ziel deiner Anläufe, daß ich mir selbst eine Last bin?

21 Und warum vergibst du mir meine Missetat nicht und nimmst weg meine Sünde? Denn nun werde ich mich in die Erde legen, und wenn du mich morgen suchst, werde ich nicht da sein.

8. Kapitel

Bildads erste Rede:
nur Buße ist für Hiob der Weg zum Glück;
die Gottlosen gehen unter.

1 Da antwortete Bildad von Suah und sprach:

2 Wie lange willst du solches reden und

sollen die Reden deines Mundes so einen stolzen Mut haben?

3 Meinst du, daß Gott unrecht richte oder der Allmächtige das Recht verkehre?

4 Haben deine Söhne vor ihm gesündigt, so hat er sie verstoßen um ihrer Missetat willen.

5 So du aber dich beizeiten zu Gott tust und zu dem Allmächtigen flehst,

6 und so du rein und fromm bist, so wird er aufwachen zu dir und wird wieder aufrichten deine Wohnung um deiner Gerechtigkeit willen;

7 und was du zuerst wenig gehabt hast, wird hernach gar sehr zunehmen.

8 Denn frage die vorigen Geschlechter und merke auf das, was ihre Väter erforscht haben;

9 denn wir sind von gestern her und wissen nichts; unser Leben ist ein Schatten auf Erden.

10 Sie werden dich's lehren und dir sagen und ihre Rede aus ihrem Herzen hervorbringen:

11 "Kann auch ein Rohr aufwachsen, wo

es nicht feucht steht? oder Schilf wachsen ohne Wasser?

12 Sonst wenn's noch in der Blüte ist, ehe es abgehauen wird, verdorrt es vor allem Gras.

13 So geht es allen denen, die Gottes vergessen; und die Hoffnung der Heuchler wird verloren sein.

14 Denn seine Zuversicht vergeht, und seine Hoffnung ist eine Spinnwebe.

15 Er verläßt sich auf sein Haus, und wird doch nicht bestehen; er wird sich daran halten, aber doch nicht stehenbleiben.

16 Er steht voll Saft im Sonnenschein, und seine Reiser wachsen hervor in seinem Garten.

17 Seine Saat steht dick bei den Quellen und sein Haus auf Steinen.

18 Wenn er ihn aber verschlingt von seiner Stätte, wird sie sich gegen ihn stellen, als kennte sie ihn nicht.

19 Siehe, das ist die Freude seines Wesens; und aus dem Staube werden andere wachsen."

20 Darum siehe, daß Gott nicht verwirft

die Frommen und erhält nicht die Hand der Boshaften,

21 bis daß dein Mund voll Lachens werde und deine Lippen voll Jauchzens.

22 Die dich aber hassen, werden zu Schanden werden, und der Gottlosen Hütte wird nicht bestehen.

9. Kapitel

Hiobs zweite Gegenrede:
mit dem Allmächtigen kann niemand rechten.

1 Hiob antwortete und sprach:

2 Ja, ich weiß gar wohl, daß es also ist und daß ein Mensch nicht recht behalten mag gegen Gott.

3 Hat er Lust, mit ihm zu hadern, so kann er ihm auf tausend nicht eins antworten.

4 Er ist weise und mächtig; wem ist's je gelungen, der sich wider ihn gelegt hat?

5 Er versetzt Berge, ehe sie es innewerden, die er in seinem Zorn umkehrt.

6 Er bewegt die Erde aus ihrem Ort, daß ihre Pfeiler zittern.

7 Er spricht zur Sonne, so geht sie nicht auf, und versiegelt die Sterne.

8 Er breitet den Himmel aus allein und geht auf den Wogen des Meeres.

9 Er macht den Wagen am Himmel und Orion und die Plejaden und die Sterne gegen Mittag.

10 Er tut große Dinge, die nicht zu erforschen sind, und Wunder, deren keine Zahl ist.

11 Siehe, er geht an mir vorüber, ehe ich's gewahr werde, und wandelt vorbei, ehe ich's merke.

12 Siehe, wenn er hinreißt, wer will ihm wehren? Wer will zu ihm sagen: Was machst du?

13 Er ist Gott; seinen Zorn kann niemand stillen; unter ihn mußten sich beugen die Helfer Rahabs.

14 Wie sollte ich denn ihm antworten und Worte finden gegen ihn?

15 Wenn ich auch recht habe, kann ich ihm dennoch nicht antworten, sondern ich müßte um mein Recht flehen.

16 Wenn ich ihn schon anrufe, und er mir antwortet, so glaube ich doch nicht, daß er meine Stimme höre.

17 Denn er fährt über mich mit Ungestüm und macht mir Wunden viel ohne Ursache.

18 Er läßt meinen Geist sich nicht erquicken, sondern macht mich voll Betrübnis.

19 Will man Macht, so ist er zu mächtig; will man Recht, wer will mein Zeuge sein? [Sucht man die Kraft eines Starken: Seht, da ist er! Doch sucht man das Recht: Wer lädt ihn vor? (3)]

20 Sage ich, daß ich gerecht bin, so verdammt er mich doch; bin ich Unschuldig, so macht er mich doch zu Unrecht.

21 Ich bin unschuldig! ich frage nicht nach meiner Seele, begehre keines Lebens mehr.

22 Es ist eins, darum sage ich: Er bringt um beide, den Frommen und den Gottlosen.

23 Wenn er anhebt zu geißeln, so dringt er alsbald zum Tod und spottet der Anfechtung der Unschuldigen.

24 Das Land aber wird gegeben unter die Hand der Gottlosen, und der Richter

Antlitz verhüllt er. Ist's nicht also, wer anders sollte es tun?

25 Meine Tage sind schneller gewesen denn ein Läufer; sie sind geflohen und haben nichts Gutes erlebt.

26 Sie sind dahingefahren wie die Rohrschiffe, wie ein Adler fliegt zur Speise.

27 Wenn ich gedenke: Ich will meiner Klage vergessen und meine Gebärde lassen fahren und mich erquicken,

28 so fürchte ich alle meine Schmerzen, weil ich weiß, daß du mich nicht unschuldig sein lässest.

29 Ich muß ja doch ein Gottloser sein; warum mühe ich mich denn so vergeblich?

30 Wenn ich mich gleich mit Schneewasser wüsche und reinigte mein Hände mit Lauge,

31 so wirst du mich doch tauchen in Kot, und so werden mir meine Kleider greulich anstehen.

32 Denn er ist nicht meinesgleichen, dem ich antworten könnte, daß wir vor Gericht miteinander kämen.

33 Es ist zwischen uns kein Schiedsmann, der seine Hand auf uns beide lege.

34 Er nehme von mir seine Rute und lasse seinen Schrecken von mir,

35 daß ich möge reden und mich nicht vor ihm fürchten dürfe; denn ich weiß, daß ich kein solcher bin.

10. Kapitel

*Fortsetzung:
Hiob klagt, dass Gott sein Geschöpf
so schwer heimsuchte.*

1 Meine Seele verdrießt mein Leben; ich will meiner Klage bei mir ihren Lauf lassen und reden in der Betrübnis meiner Seele

2 und zu Gott sagen: Verdamme mich nicht! laß mich wissen, warum du mit mir haderst.

3 Gefällt dir's, daß du Gewalt tust und mich verwirfst, den deine Hände gemacht haben, und bringst der Gottlosen Vornehmen zu Ehren?

4 Hast du denn auch fleischliche Augen, oder siehst du, wie ein Mensch sieht?

5 Oder ist deine Zeit wie eines Menschen Zeit, oder deine Jahre wie eines Mannes Jahre?

6 daß du nach einer Missetat fragest und suchest meine Sünde,

7 so du doch weißt wie ich nicht gottlos sei, so doch niemand ist, der aus deiner Hand erretten könne.

8 Deine Hände haben mich bereitet und gemacht alles, was ich um und um bin; und du wolltest mich verderben?

9 Gedenke doch, daß du mich aus Lehm gemacht hast; und wirst mich wieder zu Erde machen?

10 Hast du mich nicht wie Milch hingegossen und wie Käse lassen gerinnen?

11 Du hast mir Haut und Fleisch angezogen; mit Gebeinen und Adern hast du mich zusammengefügt.

12 Leben und Wohltat hast du an mir getan, und dein Aufsehen bewahrt meinen Odem.

13 Aber dies verbargst du in deinem

Herzen, ich weiß, daß du solches im Sinn hattest:

14 wenn ich sündigte, so wolltest du es bald merken und meine Missetat nicht ungestraft lassen.

15 Bin ich gottlos, dann wehe mir! bin ich gerecht, so darf ich doch mein Haupt nicht aufheben, als der ich voll Schmach bin und sehe mein Elend.

16 Und wenn ich es aufrichte, so jagst du mich wie ein Löwe und handelst wiederum wunderbar an mir.

17 Du erneuest deine Zeugen wider mich und machst deines Zornes viel auf mich; es zerplagt mich eins über das andere in Haufen.

18 Warum hast du mich aus Mutterleib kommen lassen? Ach, daß ich wäre umgekommen und mich nie ein Auge gesehen hätte!

19 So wäre ich, als die nie gewesen sind, von Mutterleibe zum Grabe gebracht.

20 Ist denn mein Leben nicht kurz? So höre er auf und lasse ab von mir, daß ich ein wenig erquickt werde,

21 ehe ich denn hingehe und komme

nicht wieder, ins Land der Finsternis und des Dunkels,

22 ins Land da es stockfinster ist und da keine Ordnung ist, und wenn's hell wird, so ist es wie Finsternis.

11. Kapitel

Zophars erste Rede:
Hiob soll sich
vor dem allwissenden Gott demütigen.

1 Da antwortete Zophar von Naema und sprach:

2 Wenn einer lang geredet, muß er nicht auch hören? Muß denn ein Schwätzer immer recht haben?

3 Müssen die Leute zu deinem eitlen Geschwätz schweigen, daß du spottest und niemand dich beschäme?

4 Du sprichst: Meine Rede ist rein, und lauter bin ich vor deinen Augen.

5 Ach, daß Gott mit dir redete und täte seine Lippen auf

6 und zeigte dir die heimliche Weisheit! Denn er hätte noch wohl mehr an dir zu

tun, auf daß du wissest, daß er deiner Sünden nicht aller gedenkt.

7 Meinst du, daß du wissest, was Gott weiß, und wollest es so vollkommen treffen wie der Allmächtige?

8 Es ist höher denn der Himmel; was willst du tun? tiefer denn die Hölle; was kannst du wissen?

9 länger denn die Erde und breiter denn das Meer.

10 So er daherfährt und gefangen legt und Gericht hält, wer will's ihm wehren?

11 Denn er kennt die losen Leute, er sieht die Untugend, und sollte es nicht merken?

12 Ein unnützer Mann bläht sich, und ein geborener Mensch will sein wie ein junges Wild.

13 Wenn du dein Herz richtetest und deine Hände zu ihm ausbreitetest;

14 wenn du die Untugend, die in deiner Hand ist, fern von dir tätest, daß in deiner Hütte kein Unrecht bliebe:

15 so möchtest du dein Antlitz aufheben ohne Tadel und würdest fest sein und dich nicht fürchten.

16 Dann würdest du der Mühsal

vergessen und so wenig gedenken als des Wassers, das vorübergeht;

17 und die Zeit deines Lebens würde aufgehen wie der Mittag, und das Finstere würde ein lichter Morgen werden;

18 und dürftest dich dessen trösten, daß Hoffnung da sei; würdest dich umsehen und in Sicherheit schlafen legen;

19 würdest ruhen, und niemand würde dich aufschrecken; und viele würden vor dir flehen. [und viele würden sich um deine Gunst bemühen. (4)]

20 Aber die Augen der Gottlosen werden verschmachten, und sie werden nicht entrinnen können; denn Hoffnung wird ihrer Seele fehlen.

12. Kapitel

*Hiobs dritte Gegenrede:
er schilt die aufgeblasene Weisheit der Freunde und überbietet sie in Schilderung der unumschränkten Macht Gottes.*

1 Da antwortete Hiob und sprach:

2 Ja, ihr seid die Leute, mit euch wird die Weisheit sterben!

3 Ich habe so wohl ein Herz als ihr und bin nicht geringer denn ihr; und wer ist, der solches nicht wisse?

4 Ich muß von meinem Nächsten verlacht sein, der ich Gott anrief, und er erhörte mich. Der Gerechte und Fromme muß verlacht sein

5 und ist ein verachtet Lichtlein vor den Gedanken der Stolzen, steht aber, daß sie sich daran ärgern.

6 Der Verstörer Hütten haben die Fülle, und Ruhe haben, die wider Gott toben, die ihren Gott in der Faust führen.

7 Frage doch das Vieh, das wird dich's lehren und die Vögel unter dem Himmel, die werden dir's sagen;

8 oder rede mit der Erde, die wird dich's lehren, und die Fische im Meer werden dir's erzählen.

9 Wer erkennte nicht an dem allem, daß des HERRN Hand solches gemacht hat?

10 daß in seiner Hand ist die Seele alles dessen, was da lebt, und der Geist des Fleisches aller Menschen?

11 Prüft nicht das Ohr die Rede? und der Mund schmeckt die Speise?

12 Ja, "bei den Großvätern ist die Weisheit, und der Verstand bei den Alten".

13 Bei ihm ist Weisheit und Gewalt, Rat und Verstand.

14 Siehe, wenn er zerbricht, so hilft kein Bauen; wenn er jemand einschließt, kann niemand aufmachen.

15 Siehe, wenn er das Wasser verschließt, so wird alles dürr; und wenn er's ausläßt, so kehrt es das Land um.

16 Er ist stark und führt es aus. Sein ist, der da irrt und der da verführt.

17 Er führt die Klugen wie einen Raub und macht die Richter toll.

18 Er löst auf der Könige Zwang und bindet mit einem Gurt ihre Lenden.

19 Er führt die Priester wie einen Raub und bringt zu Fall die Festen.

20 Er entzieht die Sprache den Bewährten und nimmt weg den Verstand der Alten.

21 Er schüttet Verachtung auf die Fürsten und macht den Gürtel der Gewaltigen los.

22 Er öffnet die finsteren Gründe und bringt heraus das Dunkel an das Licht.

23 Er macht etliche zu großem Volk und bringt sie wieder um. Er breitet ein Volk aus und treibt es wieder weg.

24 Er nimmt weg den Mut der Obersten des Volkes im Lande und macht sie irre auf einem Umwege, da kein Weg ist,

25 daß sie in Finsternis tappen ohne Licht; und macht sie irre wie die Trunkenen.

13. Kapitel

Fortsetzung:
Hiob warnt die Freunde vor der
Gerechtigkeit Gottes und beginnt
nicht ohne Grauen vor dessen Majestät
seine Rede an Gott.

1 Siehe, das alles hat mein Auge gesehen und mein Ohr gehört, und ich habe es verstanden.

2 Was ihr wißt, das weiß ich auch; und bin nicht geringer denn ihr.

3 Doch wollte ich gern zu dem

Allmächtigen reden und wollte gern mit Gott rechten.

4 Aber ihr deutet's fälschlich und seid alle unnütze Ärzte.

5 Wollte Gott, ihr schwieget, so wäret ihr weise.

6 Höret doch meine Verantwortung und merket auf die Sache, davon ich rede!

7 Wollt ihr Gott verteidigen mit Unrecht und für ihn List brauchen?

8 Wollt ihr seine Person ansehen? Wollt ihr Gott vertreten?

9 Wird's euch auch wohl gehen, wenn er euch richten wird? Meint ihr, daß ihr ihn täuschen werdet, wie man einen Menschen täuscht?

10 Er wird euch strafen, wo ihr heimlich Person ansehet.

11 Wird er euch nicht erschrecken, wenn er sich wird hervortun, und wird seine Furcht nicht über euch fallen?

12 Eure Denksprüche sind Aschensprüche; eure Bollwerke werden wie Lehmhaufen sein.

13 Schweiget mir, daß ich rede, es komme über mich, was da will.

14 Was soll ich mein Fleisch mit meinen

Zähnen davontragen und meine Seele in meine Hände legen?

15 Siehe, er wird mich doch erwürgen, und ich habe nichts zu hoffen; doch will ich meine Wege vor ihm verantworten.

16 Er wird ja mein Heil sein; denn es kommt kein Heuchler vor ihn.

17 Höret meine Rede, und meine Auslegung gehe ein zu euren Ohren.

18 Siehe, ich bin zum Rechtsstreit gerüstet; ich weiß, daß ich recht behalten werde.

19 Wer ist, der mit mir rechten könnte? Denn dann wollte ich schweigen und verscheiden.

20 Zweierlei tue mir nur nicht, so will ich mich vor dir nicht verbergen:

21 laß deine Hand fern von mir sein, und dein Schrecken erschrecke mich nicht!

22 Dann rufe, ich will antworten, oder ich will reden, antworte du mir!

23 Wie viel ist meiner Missetaten und Sünden? Laß mich wissen meine Übertretung und Sünde.

24 Warum verbirgst du dein Antlitz und hältst mich für deinen Feind?

25 Willst du wider ein fliegend Blatt so

ernst sein und einen dürren Halm verfolgen?

26 Denn du schreibst mir Betrübnis an und willst über mich bringen die Sünden meiner Jugend.

27 Du hast meinen Fuß in den Stock gelegt und hast acht auf alle meine Pfade und siehst auf die Fußtapfen meiner Füße,

28 der ich doch wie Moder vergehe und wie ein Kleid, das die Motten fressen.

14. Kapitel

Schluss:
Hiob klagt über die Nichtigkeit des Menschen und sucht vergeblich eine tröstliche Hoffnung.

1 Der Mensch, vom Weibe geboren, lebt kurze Zeit und ist voll Unruhe,

2 geht auf wie eine Blume und fällt ab, flieht wie ein Schatten und bleibt nicht.

3 Und du tust deine Augen über einen solchen auf, daß du mich vor dir ins Gericht ziehest.

4 Kann wohl ein Reiner kommen von den Unreinen? Auch nicht einer.

5 Er hat seine bestimmte Zeit, die Zahl seiner Monden steht bei dir; du hast ein Ziel gesetzt, das wird er nicht überschreiten.

6 So tu dich von ihm, daß er Ruhe habe, bis daß seine Zeit komme, deren er wie ein Tagelöhner wartet.

7 Ein Baum hat Hoffnung, wenn er schon abgehauen ist, daß er sich wieder erneue, und seine Schößlinge hören nicht auf.

8 Ob seine Wurzel in der Erde veraltet und sein Stamm im Staub erstirbt,

9 so grünt er doch wieder vom Geruch des Wassers und wächst daher, als wäre er erst gepflanzt.

10 Aber der Mensch stirbt und ist dahin; er verscheidet, und wo ist er?

11 Wie ein Wasser ausläuft aus dem See, und wie ein Strom versiegt und vertrocknet,

12 so ist ein Mensch, wenn er sich legt, und wird nicht aufstehen und wird nicht aufwachen, solange der Himmel bleibt, noch von seinem Schlaf erweckt werden.

13 Ach daß du mich in der Hölle verdecktest und verbärgest, bis dein Zorn sich lege, und setztest mir ein Ziel, daß du an mich dächtest.

14 Wird ein toter Mensch wieder leben? Alle Tage meines Streites wollte ich harren, bis daß meine Veränderung komme!

15 Du würdest rufen und ich dir antworten; es würde dich verlangen nach dem Werk deiner Hände.

16 Jetzt aber zählst du meine Gänge. Hast du nicht acht auf meine Sünden?

17 Du hast meine Übertretungen in ein Bündlein versiegelt und meine Missetat zusammengefaßt.

18 Zerfällt doch ein Berg und vergeht, und ein Fels wird von seinem Ort versetzt;

19 Wasser wäscht Steine weg, und seine Fluten flößen die Erde weg: aber des Menschen Hoffnung ist verloren;

20 denn du stößest ihn gar um, daß er dahinfährt, veränderst sein Wesen und lässest ihn fahren.

21 Sind seine Kinder in Ehren, das weiß

er nicht; oder ob sie gering sind, des wird er nicht gewahr.

22 Nur sein eigen Fleisch macht ihm Schmerzen, und seine Seele ist ihm voll Leides.

15. Kapitel

Des Eliphas' zweite Rede:
er straft Hiobs vermessene Reden und schildert das Unheil der Gottlosen.

1 Da antwortete Eliphas von Theman und sprach:

2 Soll ein weiser Mann so aufgeblasene Worte reden und seinen Bauch so blähen mit leeren Reden?

3 Du verantwortest dich mit Worten, die nicht taugen, und dein Reden ist nichts nütze.

4 Du hast die Furcht fahren lassen und redest verächtlich vor Gott.

5 Denn deine Missetat lehrt deinen Mund also, und hast erwählt eine listige Zunge.

6 Dein Mund verdammt dich, und nicht ich; deine Lippen zeugen gegen dich.

7 Bist du der erste Mensch geboren? bist du vor allen Hügeln empfangen?

8 Hast du Gottes heimlichen Rat gehört und die Weisheit an dich gerissen?

9 Was weißt du, das wir nicht wissen? was verstehst du, das nicht bei uns sei?

10 Es sind Graue und Alte unter uns, die länger gelebt haben denn dein Vater.

11 Sollten Gottes Tröstungen so gering vor dir gelten und ein Wort, in Lindigkeit zu dir gesprochen?

12 Was nimmt dein Herz vor? was siehst du so stolz?

13 Was setzt sich dein Mut gegen Gott, daß du solche Reden aus deinem Munde lässest?

14 Was ist ein Mensch, daß er sollte rein sein, und daß er sollte gerecht sein, der von einem Weibe geboren ist?

15 Siehe, unter seinen Heiligen ist keiner ohne Tadel, und die im Himmel sind nicht rein vor ihm.

16 Wie viel weniger ein Mensch, der ein Gräuel und schnöde ist, der Unrecht säuft wie Wasser.

17 Ich will dir's zeigen, höre mir zu, und ich will dir erzählen, was ich gesehen habe,

18 was die Weisen gesagt haben und ihren Vätern nicht verhohlen gewesen ist,

19 welchen allein das Land gegeben war, daß kein Fremder durch sie gehen durfte:

20 "Der Gottlose bebt sein Leben lang, und dem Tyrannen ist die Zahl seiner Jahre verborgen.

21 Was er hört, das schreckt ihn; und wenn's gleich Friede ist, fürchtet er sich, der Verderber komme,

22 glaubt nicht, daß er möge dem Unglück entrinnen, und versieht sich immer des Schwerts.

23 Er zieht hin und her nach Brot, und es dünkt ihn immer, die Zeit seines Unglücks sei vorhanden.

24 Angst und Not schrecken ihn und schlagen ihn nieder wie ein König mit seinem Heer.

25 Denn er hat seine Hand wider Gott gestreckt und sich wider den Allmächtigen gesträubt.

26 Er läuft mit dem Kopf an ihn und ficht halsstarrig wider ihn.

27 Er brüstet sich wie ein fetter Wanst und macht sich feist und dick.

28 Er wohnt in verstörten Städten, in Häusern, da man nicht bleiben darf, die auf einem Haufen liegen sollen.

29 Er wird nicht reich bleiben, und sein Gut wird nicht bestehen, und sein Glück wird sich nicht ausbreiten im Lande.

30 Unfall wird nicht von ihm lassen. Die Flamme wird seine Zweige verdorren, und er wird ihn durch den Odem seines Mundes wegnehmen.

31 Er wird nicht bestehen, denn er ist in seinem eiteln Dünkel betrogen; und eitel wird sein Lohn werden.

32 Er wird ein Ende nehmen vor der Zeit; und sein Zweig wird nicht grünen.

33 Er wird abgerissen werden wie eine unzeitige Traube vom Weinstock, und wie ein Ölbaum seine Blüte abwirft.

34 Denn der Heuchler Versammlung wird einsam bleiben; und das Feuer wird fressen die Hütten derer, die Geschenke nehmen.

35 Sie gehen schwanger mit Unglück und gebären Mühsal, und ihr Schoß bringt Trug."

16. Kapitel

*Hiobs vierte Gegenrede:
von seinen Freunden nicht verstanden
klagt er seinen Jammer Gott.*

1 Hiob antwortete und sprach:

2 Ich habe solches oft gehört. Ihr seid allzumal leidige Tröster!

3 Wollen die leeren Worte kein Ende haben? Oder was macht dich so frech, also zu reden?

4 Ich könnte auch wohl reden wie ihr. Wäre eure Seele an meiner Statt, so wollte ich auch Worte gegen euch zusammenbringen und mein Haupt also über euch schütteln.

5 Ich wollte euch stärken mit dem Munde und mit meinen Lippen trösten.

6 Aber wenn ich schon rede, so schont mein der Schmerz nicht; lasse ich's anstehen so geht er nicht von mir.

7 Nun aber macht er mich müde und verstört alles, was ich bin.

8 Er hat mich runzlig gemacht, das zeugt wider mich; und mein Elend steht gegen mich auf und verklagt mich ins Angesicht.

9 Sein Grimm zerreißt, und der mir gram ist, beißt die Zähne über mich zusammen; mein Widersacher funkelt mit seinen Augen auf mich.

10 Sie haben ihren Mund aufgesperrt gegen mich und haben mich schmählich auf meine Backen geschlagen; sie haben ihren Mut miteinander an mir gekühlt.

11 Gott hat mich übergeben dem Ungerechten und hat mich in der Gottlosen Hände kommen lassen.

12 Ich war in Frieden, aber er hat mich zunichte gemacht; er hat mich beim Hals genommen und zerstoßen und hat mich zum Ziel aufgerichtet.

13 Er hat mich umgeben mit seinen Schützen; er hat meine Nieren gespalten und nicht verschont; er hat meine Galle auf die Erde geschüttet.

14 Er hat mir eine Wunde über die andere gemacht; er ist an mich gelaufen wie ein Gewaltiger.

15 Ich habe einen Sack um meine Haut genäht und habe mein Horn in den Staub gelegt.

16 Mein Antlitz ist geschwollen von Weinen, und meine Augenlider sind verdunkelt,

17 wiewohl kein Frevel in meiner Hand ist und mein Gebet ist rein.

18 Ach Erde, bedecke mein Blut nicht! und mein Geschrei finde keine Ruhestätte!

19 Auch siehe da, mein Zeuge ist mein Himmel; und der mich kennt, ist in der Höhe.

20 Meine Freunde sind meine Spötter; aber mein Auge tränt zu Gott,

21 daß er entscheiden möge zwischen dem Mann und Gott, zwischen dem Menschenkind und seinem Freunde.

22 Denn die bestimmten Jahre sind gekommen, und ich gehe hin des Weges, den ich nicht wiederkommen werde.

17. Kapitel

*Fortsetzung:
Hiob sieht nichts um sich als Jammer
und nichts vor sich als das Grab.*

1 Mein Odem ist schwach, und meine Tage sind abgekürzt; das Grab ist da.

2 Fürwahr, Gespött umgibt mich, und auf ihrem Hadern muß mein Auge weilen.

3 Sei du selber mein Bürge bei dir; wer will mich sonst vertreten?

4 Denn du hast ihrem Herzen den Verstand verborgen; darum wirst du ihnen den Sieg geben.

5 Es rühmt wohl einer seinen Freunden die Ausbeute; aber seiner Kinder Augen werden verschmachten.

6 Er hat mich zum Sprichwort unter den Leuten gemacht, und ich muß mir ins Angesicht speien lassen.

7 Mein Auge ist dunkel geworden vor Trauern, und alle meine Glieder sind wie ein Schatten.

8 Darüber werden die Gerechten sich entsetzen, und die Unschuldigen werden sich entrüsten gegen die Heuchler.

9 Aber der Gerechte wird seinen Weg behalten; und wer reine Hände hat, wird an Stärke zunehmen.

10 Wohlan, so kehrt euch alle her und kommt; ich werde doch keinen Weisen unter euch finden.

11 Meine Tage sind vergangen; meine Anschläge sind zerrissen, die mein Herz besessen haben.

12 Sie wollen aus der Nacht Tag machen und aus dem Tage Nacht.

13 Wenn ich gleich lange harre, so ist doch bei den Toten mein Haus, und in der Finsternis ist mein Bett gemacht;

14 Die Verwesung heiße ich meinen Vater und die Würmer meine Mutter und meine Schwester:

15 was soll ich denn harren? und wer achtet mein Hoffen?

16 Hinunter zu den Toten wird es fahren und wird mit mir in dem Staub liegen.

18. Kapitel

Bildads zweite Rede:
er schildert nach einer bitteren Anrede
an Hiob den unvermeidlichen
Untergang der Gottlosen.

1 Da antwortete Bildad von Suah und sprach:

2 Wann wollt ihr der Reden ein Ende machen? Merkt doch; darnach wollen wir reden.

3 Warum werden wir geachtet wie Vieh und sind so unrein vor euren Augen?

4 Willst du vor Zorn bersten? Meinst du, daß um deinetwillen die Erde verlassen werde und der Fels von seinem Ort versetzt werde?

5 Und doch wird das Licht der Gottlosen verlöschen, und der Funke seines Feuers wird nicht leuchten.

6 Das Licht wird finster werden in seiner Hütte, und seine Leuchte über ihm verlöschen.

7 Seine kräftigen Schritte werden in die Enge kommen, und sein Anschlag wird ihn fällen.

8 Denn er ist mit seinen Füßen in den Strick gebracht und wandelt im Netz.

9 Der Strick wird seine Ferse halten, und die Schlinge wird ihn erhaschen.

10 Sein Strick ist gelegt in die Erde, und seine Falle auf seinem Gang.

11 Um und um wird ihn schrecken plötzliche Furcht, daß er nicht weiß, wo er hinaus soll.

12 Hunger wird seine Habe sein, und Unglück wird ihm bereit sein und anhangen.

13 Die Glieder seines Leibes werden verzehrt werden; seine Glieder wird verzehren der Erstgeborene des Todes.

14 Seine Hoffnung wird aus seiner Hütte ausgerottet werden, und es wird ihn treiben zum König des Schreckens.

15 In seiner Hütte wird nichts bleiben; über seine Stätte wird Schwefel gestreut werden.

16 Von unten werden verdorren seine Wurzeln, und von oben abgeschnitten seine Zweige.

17 Sein Gedächtnis wird vergehen in dem Lande, und er wird keinen Namen haben auf der Gasse.

18 Er wird vom Licht in die Finsternis vertrieben und vom Erdboden verstoßen werden.

19 Er wird keine Kinder haben und keine Enkel unter seinem Volk; es wird ihm keiner übrigbleiben in seinen Gütern.

20 Die nach ihm kommen, werden sich über seinen Tag entsetzen; und die vor ihm sind, wird eine Furcht ankommen.

21 Das ist die Wohnung des Ungerechten; und dies ist die Stätte des, der Gott nicht achtet.

19. Kapitel

Hiobs fünfte Gegenrede:
er klagt über die Härte der Freunde,
schildert sein tiefes Elend, erhebt sich aber
zuletzt zu der seligen Gewissheit,
daß sein Erlöser lebt.

1 Hiob antwortete und sprach:

2 Wie lange plagt ihr doch meine Seele und peinigt mich mit Worten?

3 Ihr habt mich nun zehnmal gehöhnt und schämt euch nicht, daß ihr mich also umtreibt.

4 Irre ich, so irre ich mir.

5 Wollt ihr wahrlich euch über mich erheben und wollt meine Schmach mir beweisen,

6 so merkt doch nun einmal, daß mir Gott Unrecht tut und hat mich mit seinem Jagdstrick umgeben.

7 Siehe, ob ich schon schreie über Frevel, so werde ich doch nicht erhört; ich rufe, und ist kein Recht da.

8 Er hat meinen Weg verzäunt, daß ich nicht kann hinübergehen, und hat Finsternis auf meinen Steig gestellt.

9 Er hat meine Ehre mir ausgezogen und die Krone von meinem Haupt genommen.

10 Er hat mich zerbrochen um und um und läßt mich gehen und hat ausgerissen meine Hoffnung wie einen Baum.

11 Sein Zorn ist über mich ergrimmt, und er achtet mich für seinen Feind.

12 Seine Kriegsscharen sind miteinander gekommen und haben ihren Weg gegen mich gebahnt und haben sich um meine Hütte her gelagert.

13 Er hat meine Brüder fern von mir getan, und meine Verwandten sind mir fremd geworden.

14 Meine Nächsten haben sich entzogen, und meine Freunde haben mein vergessen.

15 Meine Hausgenossen und meine Mägde achten mich für fremd; ich bin unbekannt geworden vor ihren Augen.

16 Ich rief meinen Knecht, und er antwortete mir nicht; ich mußte ihn anflehen mit eigenem Munde.

17 Mein Odem ist zuwider meinem Weibe, und ich bin ein Ekel den Kindern meines Leibes.

18 Auch die jungen Kinder geben nichts auf mich; wenn ich ihnen widerstehe, so geben sie mir böse Worte.

19 Alle meine Getreuen haben einen Gräuel an mir; und die ich liebhatte, haben sich auch gegen mich gekehrt.

20 Mein Gebein hanget an mir an Haut und Fleisch, und ich kann meine Zähne mit der Haut nicht bedecken.

21 Erbarmt euch mein, erbarmt euch mein, ihr meine Freunde! denn die Hand Gottes hat mich getroffen.

22 Warum verfolgt ihr mich gleich wie Gott und könnt meines Fleisches nicht satt werden?

23 Ach daß meine Reden geschrieben würden! ach daß sie in ein Buch gestellt würden!

24 mit einem eisernen Griffel auf Blei und zum ewigem Gedächtnis in Stein gehauen würden!

25 Aber ich weiß, daß mein Erlöser lebt; und als der letzte wird er über dem Staube sich erheben.

26 Und nachdem diese meine Haut zerschlagen ist, werde ich ohne mein Fleisch Gott sehen.

27 Denselben werde ich mir sehen, und meine Augen werden ihn schauen, und kein Fremder. Darnach sehnen sich meine Nieren in meinem Schoß. [ja, ich selbst werde ihn schauen, und meine Augen werden ihn sehen, ohne (ihm) fremd zu sein. Danach sehnt sich mein Herz in mir! (5)]

28 Wenn ihr sprecht: Wie wollen wir ihn verfolgen und eine Sache gegen ihn finden!

29 so fürchtet euch vor dem Schwert; denn das Schwert ist der Zorn über die Missetaten, auf daß ihr wißt, daß ein Gericht sei.

20. Kapitel

*Zophars zweite Rede.
Er wiederholt den Satz: die Freude
der Gottlosen währt nicht lange.*

1 Da antwortete Zophar von Naema und sprach:

2 Darauf muß ich antworten und kann nicht harren.

3 Denn ich muß hören, wie man mich straft und tadelt; aber der Geist meines Verstandes soll für mich antworten.

4 Weißt du nicht, daß es allezeit so gegangen ist, seitdem Menschen auf Erden gewesen sind:

5 daß der Ruhm der Gottlosen steht nicht lange und die Freude des Heuchlers währt einen Augenblick?

6 Wenngleich seine Höhe in den Himmel reicht und sein Haupt an die Wolken rührt,

7 so wird er doch zuletzt umkommen wie Kot, daß die, welche ihn gesehen haben, werden sagen: Wo ist er?

8 Wie ein Traum vergeht, so wird er

auch nicht zu finden sein, und wie ein Gesicht in der Nacht verschwindet.

9 Welch Auge ihn gesehen hat, wird ihn nicht mehr sehen; und seine Stätte wird ihn nicht mehr schauen.

10 Seine Kinder werden betteln gehen, und seine Hände müssen seine Habe wieder hergeben.

11 Seine Gebeine werden seine heimlichen Sünden wohl bezahlen, und sie werden sich mit ihm in die Erde legen.

12 Wenn ihm die Bosheit in seinem Munde wohl schmeckt, daß er sie birgt unter seiner Zunge,

13 daß er sie hegt und nicht losläßt und sie zurückhält in seinem Gaumen,

14 so wird seine Speise inwendig im Leibe sich verwandeln in Otterngalle.

15 Die Güter, die er verschlungen hat, muß er wieder ausspeien, und Gott wird sie aus seinem Bauch stoßen.

16 Er wird der Ottern Gift saugen, und die Zunge der Schlange wird ihn töten.

17 Er wird nicht sehen die Ströme noch die Wasserbäche, die mit Honig und Butter fließen.

18 Er wird arbeiten, und des nicht genießen; und seine Güter werden andern, daß er deren nicht froh wird. [Den Ertrag gibt er zurück, und er kann ihn nicht verschlingen, sein erhandeltes Gut kann er nicht genießen. (6)]

19 Denn er hat unterdrückt und verlassen den Armen; er hat Häuser an sich gerissen, die er nicht erbaut hat.

20 Denn sein Wanst konnte nicht voll werden; so wird er mit seinem köstlichen Gut nicht entrinnen.

21 Nichts blieb übrig vor seinem Fressen; darum wird sein gutes Leben keinen Bestand haben.

22 Wenn er gleich die Fülle und genug hat, wird ihm doch angst werden; aller Hand Mühsal wird über ihn kommen.

23 Es wird ihm der Wanst einmal voll werden, wenn er wird den Grimm seines Zorns über ihn senden und über ihn wird regnen lassen seine Speise.

24 Er wird fliehen vor dem eisernen Harnisch, und der eherne Bogen wird ihn verjagen.

25 Ein bloßes Schwert wird durch ihn ausgehen; und des Schwertes Blitz, der

ihm bitter sein wird, wird mit Schrecken über ihn fahren.

26 Es ist keine Finsternis da, die ihn verdecken möchte. Es wird ihn ein Feuer verzehren, das nicht angeblasen ist; und wer übrig ist in seiner Hütte, dem wird's übel gehen.

27 Der Himmel wird seine Missetat eröffnen, und die Erde wird sich gegen ihn setzen.

28 Das Getreide in seinem Hause wird weggeführt werden, zerstreut am Tage seines Zorns.

29 Das ist der Lohn eines gottlosen Menschen bei Gott und das Erbe, das ihm zugesprochen wird von Gott.

21. Kapitel

*Hiobs sechste Gegenrede:
es geht doch den Gottlosen oft gut
bis zum Gericht.*

1 Hiob antwortete und sprach:
2 Hört doch meiner Rede zu und laßt mir das anstatt eurer Tröstungen sein!

3 Vertragt mich, daß ich auch rede, und spottet darnach mein!

4 Handle ich denn mit einem Menschen? oder warum sollte ich ungeduldig sein?

5 Kehrt euch her zu mir; ihr werdet erstarren und die Hand auf den Mund legen müssen.

6 Wenn ich daran denke, so erschrecke ich, und Zittern kommt mein Fleisch an.

7 Warum leben denn die Gottlosen, werden alt und nehmen zu an Gütern?

8 Ihr Same ist sicher um sie her, und ihre Nachkömmlinge sind bei ihnen.

9 Ihr Haus hat Frieden vor der Furcht, und Gottes Rute ist nicht über ihnen.

10 Seinen Stier läßt man zu, und es mißrät ihm nicht; seine Kuh kalbt und ist nicht unfruchtbar.

11 Ihre jungen Kinder lassen sie ausgehen wie eine Herde, und ihre Knaben hüpfen.

12 Sie jauchzen mit Pauken und Harfen und sind fröhlich mit Flöten.

13 Sie werden alt bei guten Tagen und erschrecken kaum einen Augenblick vor dem Tode,

14 die doch sagen zu Gott: "Hebe dich

von uns, wir wollen von deinen Wegen nicht wissen!

15 Wer ist der Allmächtige, daß wir ihm dienen sollten? oder was sind wir gebessert, so wir ihn anrufen?"

16 "Aber siehe, ihr Glück steht nicht in ihren Händen; darum soll der Gottlosen Sinn ferne von mir sein."

17 Wie oft geschieht's denn, daß die Leuchte der Gottlosen verlischt und ihr Unglück über sie kommt? daß er Herzeleid über sie austeilt in seinem Zorn?

18 daß sie werden wie Stoppeln vor dem Winde und wie Spreu, die der Sturmwind wegführt?

19 "Gott spart desselben Unglück auf seine Kinder". Er vergelte es ihm selbst, daß er's innewerde. [Spart Gott das Unheil auf für die Kinder des Frevlers? Ihn selbst soll er strafen, dass er es spürt! (7)]

20 Seine Augen mögen sein Verderben sehen, und vom Grimm des Allmächtigen möge er trinken.

21 Denn was ist ihm gelegen an seinem Hause nach ihm, wenn die Zahl seiner Monden ihm zugeteilt ist?

22 Wer will Gott lehren, der auch die Hohen richtet?

23 Dieser stirbt frisch und gesund in allem Reichtum und voller Genüge,

24 sein Melkfaß ist voll Milch, und seine Gebeine werden gemästet mit Mark;

25 jener aber stirbt mit betrübter Seele und hat nie mit Freuden gegessen;

26 und liegen gleich miteinander in der Erde, und Würmer decken sie zu.

27 Siehe, ich kenne eure Gedanken wohl und euer frevles Vornehmen gegen mich.

28 Denn ihr sprecht: "Wo ist das Haus des Fürsten? und wo ist die Hütte, da die Gottlosen wohnten?"

29 Habt ihr denn die Wanderer nicht befragt und nicht gemerkt ihre Zeugnisse?

30 Denn der Böse wird erhalten am Tage des Verderbens, und am Tage des Grimms bleibt er.

31 Wer will ihm ins Angesicht sagen, was er verdient? wer will ihm vergelten, was er tut?

32 Und er wird zu Grabe geleitet und hält Wache auf seinem Hügel.

33 Süß sind ihm die Schollen des Tales, und alle Menschen ziehen ihm nach; und derer, die ihm vorangegangen sind, ist keine Zahl.

34 Wie tröstet ihr mich so vergeblich, und eure Antworten finden sich unrecht!

22. Kapitel

Des Eliphas' letzte Rede:
er beschuldigt Hiob geradezu
grober Sünden, warnt ihn
vor vermessenem Sinn und mahnt zur Buße.

1 Da antwortete Eliphas von Theman und sprach:

2 Kann denn ein Mann Gottes etwas nützen? Nur sich selber nützt ein Kluger.

3 Meinst du, dem Allmächtigen liege daran, daß du gerecht seist? Was hilft's ihm, wenn deine Wege ohne Tadel sind?

4 Meinst du wegen deiner Gottesfurcht strafe er dich und gehe mit dir ins Gericht?

5 Nein, deine Bosheit ist zu groß, und deiner Missetaten ist kein Ende.

6 Du hast etwa deinem Bruder ein Pfand genommen ohne Ursache; du hast den Nackten die Kleider ausgezogen;

7 du hast die Müden nicht getränkt mit Wasser und hast dem Hungrigen dein Brot versagt;

8 du hast Gewalt im Lande geübt und prächtig darin gegessen;

9 die Witwen hast du leer lassen gehen und die Arme der Waisen zerbrochen.

10 Darum bist du mit Stricken umgeben, und Furcht hat dich plötzlich erschreckt.

11 Solltest du denn nicht die Finsternis sehen und die Wasserflut, die dich bedeckt?

12 Ist nicht Gott hoch droben im Himmel? Siehe, die Sterne an droben in der Höhe!

13 Und du sprichst: "Was weiß Gott? Sollte er, was im Dunkeln ist, richten können?

14 Die Wolken sind die Vordecke, und er sieht nicht; er wandelt im Umkreis des Himmels."

15 Achtest du wohl auf den Weg, darin vorzeiten die Ungerechten gegangen sind?

16 die vergangen sind, ehe denn es Zeit war, und das Wasser hat ihren Grund weggewaschen;

17 die zu Gott sprachen: "Hebe dich von uns! was sollte der Allmächtige uns tun können?"

18 so er doch ihr Haus mit Gütern füllte. Aber der Gottlosen Rat sei ferne von mir.

19 Die Gerechten werden es sehen und sich freuen, und der Unschuldige wird ihrer spotten:

20 "Fürwahr, unser Widersacher ist verschwunden; und sein Übriggelassenes hat das Feuer verzehrt."

21 So vertrage dich nun mit ihm und habe Frieden; daraus wird dir viel Gutes kommen.

22 Höre das Gesetz von seinem Munde und fasse seine Reden in dein Herz.

23 Wirst du dich bekehren zu dem Allmächtigen, so wirst du aufgebaut werden. Tue nur Unrecht ferne hinweg von deiner Hütte

24 und wirf in den Staub dein Gold und zu den Steinen der Bäche das Ophirgold,

25 so wird der Allmächtige dein Gold

sein und wie Silber, das dir zugehäuft wird.

26 Dann wirst du Lust haben an dem Allmächtigen und dein Antlitz zu Gott aufheben.

27 So wirst du ihn bitten, und er wird dich hören, und wirst dein Gelübde bezahlen.

28 Was du wirst vornehmen, wird er dir lassen gelingen; und das Licht wird auf deinem Wege scheinen.

29 Denn die sich demütigen, die erhöht er; und wer seine Augen niederschlägt, der wird genesen.

30 Auch der nicht unschuldig war wird errettet werden; er wird aber errettet um deiner Hände Reinigkeit willen.

23. Kapitel

Hiobs siebente Gegenrede:
er verlangt, wiewohl ohne Hoffnung,
Gott möge ihn vor seinen Richterstuhl stellen.

1 Hiob antwortete und sprach:
2 Meine Rede bleibt noch betrübt; meine

Macht ist schwach über meinem Seufzen.

3 Ach daß ich wüßte, wie ich ihn finden und zu seinem Stuhl kommen möchte

4 und das Recht vor ihm sollte vorlegen und den Mund voll Verantwortung fassen

5 und erfahren die Reden, die er mir antworten, und vernehmen, was er mir sagen würde!

6 Will er mit großer Macht mit mir rechten? Er stelle sich nicht so gegen mich,

7 sondern lege mir's gleich vor, so will ich mein Recht wohl gewinnen.

8 Aber ich gehe nun stracks vor mich, so ist er nicht da; gehe ich zurück, so spüre ich ihn nicht;

9 ist er zur Linken, so schaue ich ihn nicht; verbirgt er sich zur Rechten, so sehe ich ihn nicht.

10 Er aber kennt meinen Weg wohl. Er versuche mich, so will ich erfunden werden wie das Gold.

11 Denn ich setze meinen Fuß auf seine Bahn und halte seinen Weg und weiche nicht ab

12 und trete nicht von dem Gebot seiner

Lippen und bewahre die Rede seines Mundes mehr denn mein eigen Gesetz.

13 Doch er ist einig; wer will ihm wehren? Und er macht's wie er will.

14 Denn er wird vollführen, was mir bestimmt ist, und hat noch viel dergleichen im Sinne.

15 Darum erschrecke ich vor ihm; und wenn ich's bedenke, so fürchte ich mich vor ihm.

16 Gott hat mein Herz blöde gemacht, und der Allmächtige hat mich erschreckt.

17 Denn die Finsternis macht kein Ende mit mir, und das Dunkel will vor mir nicht verdeckt werden.

24. Kapitel

Fortsetzung:
Gottes Nachsicht gegen die Gottlosen
ist ein Rätsel.

1 Warum sind von dem Allmächtigen nicht Zeiten vorbehalten, und warum sehen, die ihn kennen, seine Tage nicht?

2 Man verrückt die Grenzen, raubt die Herde und weidet sie.

3 Sie treiben der Waisen Esel weg und nehmen der Witwe Ochsen zum Pfande.

4 Die Armen müssen ihnen weichen, und die Dürftigen im Lande müssen sich verkriechen.

5 Siehe, wie Wildesel in der Wüste gehen sie hinaus an ihr Werk und suchen Nahrung; die Einöde gibt ihnen Speise für ihre Kinder.

6 Sie ernten auf dem Acker, was er trägt, und lesen den Weinberg des Gottlosen.

7 Sie liegen in der Nacht nackt ohne Gewand und haben keine Decke im Frost.

8 Sie müssen sich zu den Felsen halten, wenn ein Platzregen von den Bergen auf sie gießt, weil sie sonst keine Zuflucht haben.

9 Man reißt das Kind von den Brüsten und macht's zum Waisen und macht die Leute arm mit Pfänden.

10 Den Nackten lassen sie ohne Kleider gehen, und den Hungrigen nehmen sie die Garben.

11 Sie zwingen sie, Öl zu machen auf

ihrer Mühle und ihre Kelter zu treten, und lassen sie doch Durst leiden.

12 Sie machen die Leute in der Stadt seufzend und die Seele der Erschlagenen schreiend, und Gott stürzt sie nicht.

13 Jene sind abtrünnig geworden vom Licht und kennen seinen Weg nicht und kehren nicht wieder zu seiner Straße.

14 Wenn der Tag anbricht, steht auf der Mörder und erwürgt den Armen und Dürftigen; und des Nachts ist er wie ein Dieb.

15 Das Auge des Ehebrechers hat acht auf das Dunkel, und er spricht: "Mich sieht kein Auge", und verdeckt sein Antlitz.

16 Im Finstern bricht man in die Häuser ein; des Tages verbergen sie sich miteinander und scheuen das Licht.

17 Denn wie wenn der Morgen käme, ist ihnen allen die Finsternis; denn sie sind bekannt mit den Schrecken der Finsternis.

18 "Er fährt leicht wie auf einem Wasser dahin; seine Habe wird gering im Lande, und er baut seinen Weinberg nicht.

19 Der Tod nimmt weg, die da sündigen,

wie die Hitze und Dürre das Schneewasser verzehrt.

20 Der Mutterschoß vergißt sein; die Würmer haben ihre Lust an ihm. Sein wird nicht mehr gedacht; er wird zerbrochen wie ein fauler Baum,

21 er, der beleidigt hat die Einsame, die nicht gebiert, und hat der Witwe kein Gutes getan."

22 Aber Gott erhält die Mächtigen durch seine Kraft, daß sie wieder aufstehen, wenn sie am Leben verzweifelten.

23 Er gibt ihnen, daß sie sicher seien und eine Stütze haben; und seine Augen sind über ihren Wegen.

24 Sie sind hoch erhöht, und über ein kleines sind sie nicht mehr; sinken sie hin, so werden sie weggerafft wie alle andern, und wie das Haupt auf den Ähren werden sie abgeschnitten.

25 Ist's nicht also? Wohlan, wer will mich Lügen strafen und bewähren, daß meine Rede nichts sei?

25. Kapitel

*Bildads letzte Gegenrede:
was ist der Mensch vor Gott!*

1 Da antwortete Bildad von Suah und sprach:

2 Ist nicht Herrschaft und Schrecken bei ihm, der Frieden macht unter seinen Höchsten?

3 Wer will seine Kriegsscharen zählen? und über wen geht nicht auf sein Licht?

4 Und wie kann ein Mensch gerecht vor Gott sein? und wie kann rein sein eines Weibes Kind?

5 Siehe, auch der Mond scheint nicht helle, und die Sterne sind nicht rein vor seinen Augen:

6 wie viel weniger ein Mensch, die Made, und ein Menschenkind, der Wurm!

26. Kapitel

*Hiobs achte Gegenrede:
er zeigt, wie auch er die
unergründliche Majestät Gottes anerkenne.*

1 Hiob antwortete und sprach:

2 Wie stehest du dem bei, der keine Kraft hat, hilfst dem, der keine Stärke in den Armen hat!

3 Wie gibst du Rat dem, der keine Weisheit hat, und tust kund Verstandes die Fülle! [Wie gut hast du doch den Unweisen beraten und tiefes Wissen in Fülle kundgetan! (8)]

4 Zu wem redest du? und wes Odem geht von dir aus?

5 Die Toten ängsten sich tief unter den Wassern und denen, die darin wohnen.

6 Das Grab ist aufgedeckt vor ihm, und der Abgrund hat keine Decke.

7 Er breitet aus die Mitternacht über das Leere und hängt die Erde an nichts.

8 Er faßt das Wasser zusammen in seine Wolken, und die Wolken zerreißen darunter nicht.

9 Er verhüllt seinen Stuhl und breitet seine Wolken davor.

10 Er hat um das Wasser ein Ziel gesetzt, bis wo Licht und Finsternis sich scheiden.

11 Die Säulen des Himmels zittern und entsetzen sich vor seinem Schelten.

12 Von seiner Kraft wird das Meer plötzlich ungestüm, und durch seinen Verstand zerschmettert er Rahab.

13 Am Himmel wird's schön durch seinen Wind, und seine Hand durchbohrt die flüchtige Schlange.

14 Siehe, also geht sein Tun, und nur ein geringes Wörtlein davon haben wir vernommen. Wer will aber den Donner seiner Macht verstehen?

27. Kapitel

Hiobs Schlussreden:
er beteuert seine Unschuld und zeigt,
wie vergänglich das Glück der Gottlosen sei.

1 Und Hiob fuhr fort und hob an seine Sprüche und sprach:

2 So wahr Gott lebt, der mir mein Recht

weigert, und der Allmächtige, der meine Seele betrübt;

3 solange mein Odem in mir ist und der Hauch von Gott in meiner Nase ist:

4 meine Lippen sollen nichts Unrechtes reden, und meine Zunge soll keinen Betrug sagen.

5 Das sei ferne von mir, daß ich euch recht gebe; bis daß mein Ende kommt, will ich nicht weichen von meiner Unschuld.

6 Von meiner Gerechtigkeit, die ich habe, will ich nicht lassen; mein Gewissen beißt mich nicht meines ganzen Lebens halben.

7 Aber mein Feind müsse erfunden werden als ein Gottloser, und der sich wider mich auflehnt, als ein Ungerechter.

8 Denn was ist die Hoffnung des Heuchlers, wenn Gott ein Ende mit ihm macht und seine Seele hinreißt?

9 Meinst du, daß Gott sein Schreien hören wird, wenn die Angst über ihn kommt?

10 Oder kann er an dem Allmächtigen seine Lust haben und Gott allezeit anrufen?

11 Ich will euch lehren von der Hand Gottes; und was bei dem Allmächtigen gilt, will ich nicht verhehlen. (8)

12 Siehe, ihr haltet euch alle für klug; warum bringt ihr denn solch unnütze Dinge vor?

13 Das ist der Lohn eines gottlosen Menschen bei Gott und das Erbe der Tyrannen, das sie von dem Allmächtigen nehmen werden:

14 wird er viele Kinder haben, so werden sie des Schwertes sein; und seine Nachkömmlinge werden des Brots nicht satt haben.

15 Die ihm übrigblieben, wird die Seuche ins Grab bringen; und seine Witwen werden nicht weinen.

16 Wenn er Geld zusammenbringt wie Staub und sammelt Kleider wie Lehm,

17 so wird er es wohl bereiten; aber der Gerechte wird es anziehen, und der Unschuldige wird das Geld austeilen.

18 Er baut sein Haus wie eine Spinne, und wie ein Wächter seine Hütte macht.

19 Der Reiche, wenn er sich legt, wird er's nicht mitraffen; er wird seine Augen auftun, und da wird nichts sein.

20 Es wird ihn Schrecken überfallen wie Wasser; des Nachts wird ihn das Ungewitter wegnehmen.

21 Der Ostwind wird ihn wegführen, daß er dahinfährt; und Ungestüm wird ihn von seinem Ort treiben.

22 Er wird solches über ihn führen und wird sein nicht schonen; vor seiner Hand muß er fliehen und wieder fliehen.

23 Man wird über ihn mit den Händen klatschen und über ihn zischen, wo er gewesen ist.

28. Kapitel

Das in der Natur Verborgene
kann der Mensch ergründen;
die Weisheit Gottes ist unergründlich;
der Weg zu ihr ist Gottesfurcht.

1 Es hat das Silber seine Gänge, und das Gold, das man läutert seinen Ort.

2 Eisen bringt man aus der Erde, und aus den Steinen schmelzt man Erz.

3 Man macht der Finsternis ein Ende und findet zuletzt das Gestein tief verborgen.

4 Man bricht einen Schacht von da aus, wo man wohnt; darin hangen und schweben sie als die Vergessenen, da kein Fuß hin tritt, fern von den Menschen.

5 Man zerwühlt unten die Erde wie mit Feuer, darauf doch oben die Speise wächst.

6 Man findet Saphir an etlichen Orten, und Erdenklöße, da Gold ist.

7 Den Steig kein Adler erkannt hat und kein Geiersauge gesehen;

8 es hat das stolze Wild nicht darauf getreten und ist kein Löwe darauf gegangen.

9 Auch legt man die Hand an die Felsen und gräbt die Berge um.

10 Man reißt Bäche aus den Felsen; und alles, was köstlich ist, sieht das Auge.

11 Man wehrt dem Strome des Wassers und bringt, das darinnen verborgen ist, ans Licht.

12 Wo will man aber die Weisheit finden? und wo ist die Stätte des Verstandes?

13 Niemand weiß, wo sie liegt, und sie wird nicht gefunden im Lande der Lebendigen.

14 Die Tiefe spricht: "Sie ist in mir nicht"; und das Meer spricht: "Sie ist nicht bei mir".

15 Man kann nicht Gold um sie geben noch Silber darwägen, sie zu bezahlen.

16 Es gilt ihr nicht gleich ophirisch Gold oder köstlicher Onyx und Saphir.

17 Gold und Glas kann man ihr nicht vergleichen noch um sie golden Kleinod wechseln.

18 Korallen und Kristall achtet man gegen sie nicht. Die Weisheit ist höher zu wägen denn Perlen.

19 Topaz aus dem Mohrenland wird ihr nicht gleich geschätzt, und das reinste Gold gilt ihr nicht gleich.

20 Woher kommt denn die Weisheit? und wo ist die Stätte des Verstandes?

21 Sie ist verhohlen (10) vor den Augen aller Lebendigen, auch den Vögeln unter dem Himmel.

22 Der Abgrund und der Tod sprechen: "Wir haben mit unsern Ohren ihr Gerücht gehört."

23 Gott weiß den Weg dazu und kennt ihre Stätte.

24 Denn er sieht die Enden der Erde

und schaut alles, was unter dem Himmel ist.

25 Da er dem Winde sein Gewicht machte und setzte dem Wasser sein gewisses Maß;

26 da er dem Regen ein Ziel machte und dem Blitz und Donner den Weg:

27 da sah er sie und verkündigte sie, bereitete sie und ergründete sie

28 und sprach zu den Menschen: Siehe, die Furcht des HERRN, das ist Weisheit; und meiden das Böse, das ist Verstand.

29. Kapitel

Hiob schildert sein voriges Glück.

1 Und Hiob hob abermals an seine Sprüche und sprach:

2 O daß ich wäre wie in den vorigen Monden, in den Tagen, da mich Gott behütete;

3 da seine Leuchte über meinem Haupt schien und ich bei seinem Licht in der Finsternis ging;

4 wie war ich in der Reife meines

Lebens, da Gottes Geheimnis über meiner Hütte war;

5 da der Allmächtige noch mit mir war und meine Kinder um mich her;

6 da ich meine Tritte wusch in Butter und die Felsen mir Ölbäche gossen;

7 da ich ausging zum Tor in der Stadt und mir ließ meinen Stuhl auf der Gasse bereiten;

8 da mich die Jungen sahen und sich versteckten, und die Alten vor mir aufstanden;

9 da die Obersten aufhörten zu reden und legten ihre Hand auf ihren Mund;

10 da die Stimme der Fürsten sich verkroch und ihre Zunge am Gaumen klebte!

11 Denn wessen Ohr mich hörte, der pries mich selig; und wessen Auge mich sah, der rühmte mich.

12 Denn ich errettete den Armen, der da schrie, und den Waisen, der keinen Helfer hatte.

13 Der Segen des, der verderben sollte, kam über mich; und ich erfreute das Herz der Witwe.

14 Gerechtigkeit war mein Kleid, das ich

anzog wie einen Rock; und mein Recht war mein fürstlicher Hut.

15 Ich war des Blinden Auge und des Lahmen Fuß.

16 Ich war ein Vater der Armen; und die Sache des, den ich nicht kannte, die erforschte ich.

17 Ich zerbrach die Backenzähne des Ungerechten und riß den Raub aus seinen Zähnen.

18 Ich gedachte: "Ich will in meinem Nest ersterben und meiner Tage viel machen wie Sand."

19 Meine Wurzel war aufgetan dem Wasser, und der Tau blieb über meinen Zweigen.

20 Meine Herrlichkeit erneute sich immer an mir, und mein Bogen ward immer stärker in meiner Hand.

21 Sie hörten mir zu und schwiegen und warteten auf meinen Rat.

22 Nach meinen Worten redete niemand mehr, und meine Rede troff auf sie.

23 Sie warteten auf mich wie auf den Regen und sperrten ihren Mund auf als nach dem Spätregen.

24 Wenn ich mit ihnen lachte, wurden

sie nicht zu kühn darauf; und das Licht meines Angesichts machte mich nicht geringer. [Ich lächelte ihnen zu, wenn sie mutlos waren, und das heitere Antlitz vermochten sie mir nicht zu trüben. (11)]

25 Wenn ich zu ihrem Geschäft wollte kommen, so mußte ich obenan sitzen und wohnte wie ein König unter Kriegsknechten, da ich tröstete, die Leid trugen.

30. Kapitel

Hiob beschreibt sein jetziges Unglück.

1 Nun aber lachen sie mein, die jünger sind denn ich, deren Väter ich verachtet hätte, sie zu stellen unter meine Schafhunde; [Jetzt aber lachen sie über mich, die jünger sind als ich an Jahren, bei denen ich es abgelehnt hätte, ihre Väter den Hunden meiner Herde beizugesellen. (12)]

2 deren Vermögen ich für nichts hielt; die nicht zum Alter kommen konnten;

3 die vor Hunger und Kummer einsam

flohen in die Einöde, neulich verdarben und elend wurden;

4 die da Nesseln ausraufen um die Büsche, und Ginsterwurzel ist ihre Speise;

5 aus der Menschen Mitte werden sie weggetrieben, man schreit über sie wie über einen Dieb;

6 in grausigen Tälern wohnen sie, in den Löchern der Erde und Steinritzen;

7 zwischen den Büschen rufen sie, und unter den Disteln sammeln sie sich:

8 die Kinder gottloser und verachteter Leute, die man aus dem Lande weggetrieben.

9 Nun bin ich ihr Spottlied geworden und muß ihr Märlein sein.

10 Sie haben einen Gräuel an mir und machen sich ferne von mir und scheuen sich nicht, vor meinem Angesicht zu speien.

11 Sie haben ihr Seil gelöst und mich zunichte gemacht und ihren Zaum vor mir abgetan.

12 Zur Rechten haben sich Buben wider mich gesetzt und haben meinen Fuß ausgestoßen und haben wider mich einen Weg gemacht, mich zu verderben.

13 Sie haben meine Steige zerbrochen; es war ihnen so leicht, mich zu beschädigen, daß sie keiner Hilfe dazu bedurften.

14 Sie sind gekommen wie zu einer weiten Lücke der Mauer herein und sind ohne Ordnung dahergefallen.

15 Schrecken hat sich gegen mich gekehrt und hat verfolgt wie der Wind meine Herrlichkeit; und wie eine Wolke zog vorüber mein glückseliger Stand.

16 Nun aber gießt sich aus meine Seele über mich, und mich hat ergriffen die elende Zeit.

17 Des Nachts wird mein Gebein durchbohrt allenthalben; und die mich nagen, legen sich nicht schlafen.

18 Mit großer Gewalt werde ich anders und anders gekleidet, und ich werde damit umgürtet wie mit einem Rock.

19 Man hat mich in den Kot getreten und gleich geachtet dem Staub und der Asche.

20 Schreie ich zu dir, so antwortest du mir nicht; trete ich hervor, so achtest du nicht auf mich.

21 Du hast mich verwandelt in einen

Grausamen und zeigst an mit der Stärke deiner Hand, daß du mir gram bist.

22 Du hebst mich auf und lässest mich auf dem Winde fahren und zerschmelzest mich kräftig.

23 Denn ich weiß du wirst mich dem Tod überantworten; da ist das bestimmte Haus aller Lebendigen.

24 Aber wird einer nicht die Hand ausstrecken unter Trümmern und nicht schreien vor seinem Verderben?

25 Ich weinte ja über den, der harte Zeit hatte; und meine Seele jammerte der Armen.

26 Ich wartete des Guten, und es kommt das Böse; ich hoffte aufs Licht, und es kommt Finsternis.

27 Meine Eingeweide sieden und hören nicht auf; mich hat überfallen die elende Zeit.

28 Ich gehe schwarz einher, und brennt mich doch die Sonne nicht; ich stehe auf in der Gemeinde und schreie.

29 Ich bin ein Bruder der Schakale und ein Geselle der Strauße.

30 Meine Haut über mir ist schwarz

geworden, und meine Gebeine sind verdorrt vor Hitze.

31 Meine Harfe ist eine Klage geworden und meine Flöte ein Weinen.

31. Kapitel

*Schluß der Reden Hiobs:
er beteuert seinen unsträflichen Wandel
vor Gott und Menschen.*

1 Ich habe einen Bund gemacht mit meinen Augen, daß ich nicht achtete auf eine Jungfrau.

2 Was gäbe mir Gott sonst als Teil von oben und was für ein Erbe der Allmächtige in der Höhe?

3 Wird nicht der Ungerechte Unglück haben und ein Übeltäter verstoßen werden?

4 Sieht er nicht meine Wege und zählt alle meine Gänge?

5 Habe ich gewandelt in Eitelkeit, oder hat mein Fuß geeilt zum Betrug?

6 So wäge man mich auf der rechten

Waage, so wird Gott erfahren meine Unschuld.

7 Ist mein Gang gewichen aus dem Wege und mein Herz meinen Augen nachgefolgt und klebt ein Flecken an meinen Händen,

8 so müsse ich säen, und ein andrer esse es; und mein Geschlecht müsse ausgewurzelt werden.

9 Hat sich mein Herz lassen reizen zum Weibe und habe ich an meines Nächsten Tür gelauert,

10 so müsse mein Weib von einem andern geschändet werden, und andere müssen bei ihr liegen;

11 denn das ist ein Frevel und eine Missetat für die Richter.

12 Denn das wäre ein Feuer, das bis in den Abgrund verzehrte und all mein Einkommen auswurzelte.

13 Hab ich verachtet das Recht meines Knechtes oder meiner Magd, wenn sie eine Sache wider mich hatten?

14 Was wollte ich tun, wenn Gott sich aufmachte, und was würde ich antworten, wenn er heimsuchte?

15 Hat ihn nicht auch der gemacht, der

mich in Mutterleibe machte, und hat ihn im Schoße ebensowohl bereitet?

16 Habe ich den Dürftigen ihr Begehren versagt und die Augen der Witwe lassen verschmachten?

17 Hab ich meinen Bissen allein gegessen, und hat nicht der Waise auch davon gegessen?

18 Denn ich habe mich von Jugend auf gehalten wie ein Vater, und von meiner Mutter Leib an habe ich gerne getröstet.

19 Hab ich jemand sehen umkommen, daß er kein Kleid hatte, und den Armen ohne Decke gehen lassen?

20 Haben mich nicht gesegnet seine Lenden, da er von den Fellen meiner Lämmer erwärmt ward?

21 Hab ich meine Hand an den Waisen gelegt, weil ich sah, daß ich im Tor Helfer hatte?

22 So falle meine Schulter von der Achsel, und mein Arm breche von der Röhre.

23 Denn ich fürchte Gottes Strafe über mich und könnte seine Last nicht ertragen.

24 Hab ich das Gold zu meiner

Zuversicht gemacht und zu dem Goldklumpen gesagt: "Mein Trost"?

25 Hab ich mich gefreut, daß ich großes Gut hatte und meine Hand allerlei erworben hatte?

26 Hab ich das Licht angesehen, wenn es hell leuchtete, und den Mond, wenn er voll ging,

27 daß ich mein Herz heimlich beredet hätte, ihnen Küsse zuzuwerfen mit meiner Hand?

28 was auch eine Missetat ist vor den Richtern; denn damit hätte ich verleugnet Gott in der Höhe.

29 Hab ich mich gefreut, wenn's meinem Feind übel ging, und habe mich überhoben, darum daß ihn Unglück betreten hatte?

30 Denn ich ließ meinen Mund nicht sündigen, daß ich verwünschte mit einem Fluch seine Seele.

31 Haben nicht die Männer in meiner Hütte müssen sagen: "Wo ist einer, der von seinem Fleisch nicht wäre gesättigt worden?"

32 Draußen mußte der Gast nicht

bleiben, sondern meine Tür tat ich dem Wanderer auf.

33 Hab ich meine Übertretungen nach Menschenweise zugedeckt, daß ich heimlich meine Missetat verbarg?

34 Habe ich mir grauen lassen vor der großen Menge, und hat die Verachtung der Freundschaften mich abgeschreckt, daß ich stille blieb und nicht zur Tür ausging?

35 O hätte ich einen, der mich anhört! Siehe, meine Unterschrift, der Allmächtige antworte mir!, und siehe die Schrift, die mein Verkläger geschrieben!

36 Wahrlich, dann wollte ich sie auf meine Achsel nehmen und mir wie eine Krone umbinden;

37 ich wollte alle meine Schritte ihm ansagen und wie ein Fürst zu ihm nahen.

38 Wird mein Land gegen mich schreien und werden miteinander seine Furchen weinen;

39 hab ich seine Früchte unbezahlt gegessen und das Leben der Ackerleute sauer gemacht:

40 so mögen mir Disteln wachsen für Weizen und Dornen für Gerste. Die Worte Hiobs haben ein Ende.

32. Kapitel

*Elihus erste Rede:
er erklärt, warum er trotz seiner Jugend das Schweigen bricht.*

1 Da hörten die drei Männer auf, Hiob zu antworten, weil er sich für gerecht hielt.

2 Aber Elihu, der Sohn Baracheels von Bus, des Geschlechts Rams, ward zornig über Hiob, daß er seine Seele gerechter hielt denn Gott.

3 Auch ward er zornig über seine drei Freunde, daß sie keine Antwort fanden und doch Hiob verdammten.

4 Denn Elihu hatte geharrt, bis daß sie mit Hiob geredet hatten, weil sie älter waren als er.

5 Darum, da er sah, daß keine Antwort war im Munde der drei Männer, ward er zornig.

6 Und so antwortete Elihu, der Sohn

Baracheels von Bus, und sprach: Ich bin jung, ihr aber seid alt; darum habe ich mich gescheut und gefürchtet, mein Wissen euch kundzutun.

7 Ich dachte: Laß das Alter reden, und die Menge der Jahre laß Weisheit beweisen.

8 Aber der Geist ist in den Leuten und der Odem des Allmächtigen, der sie verständig macht.

9 Die Großen sind nicht immer die Weisesten, und die Alten verstehen nicht das Recht.

10 Darum will ich auch reden; höre mir zu. Ich will mein Wissen auch kundtun.

11 Siehe, ich habe geharrt auf das, was ihr geredet habt; ich habe aufgemerkt auf eure Einsicht, bis ihr träfet die rechte Rede,

12 und ich habe achtgehabt auf euch. Aber siehe, da ist keiner unter euch, der Hiob zurechtweise oder seiner Rede antworte.

13 Sagt nur nicht: "Wir haben Weisheit getroffen; Gott muß ihn schlagen, kein Mensch."

14 Gegen mich hat er seine Worte nicht

gerichtet, und mit euren Reden will ich ihm nicht antworten.

15 Ach! sie sind verzagt, können nicht mehr antworten; sie können nicht mehr reden.

16 Weil ich denn geharrt habe, und sie konnten nicht reden (denn sie stehen still und antworten nicht mehr),

[13 Sagt nicht: Wir sind auf Weisheit gestoßen, Gott kann ihn besiegen, nicht ein Mensch.

14 Aber nicht gegen mich hat er seine Worte gerichtet, und nicht mit euren Reden werde ich ihm erwidern.

15 Sie sind bestürzt, geben keine Antwort mehr, es fehlen ihnen die Worte.

16 Ich habe gewartet, doch sie sagen nichts, sie stehen da, geben keine Antwort mehr. (13)]

17 will ich auch mein Teil antworten und will mein Wissen kundtun.

18 Denn ich bin der Reden so voll, daß mich der Odem in meinem Innern ängstet.

19 Siehe, mein Inneres ist wie der Most, der zugestopft ist, der die neuen Schläuche zerreißt.

20 Ich muß reden, daß ich mir Luft mache; ich muß meine Lippen auftun und antworten.

21 Ich will niemands Person ansehen und will keinem Menschen schmeicheln.

22 Denn ich weiß nicht zu schmeicheln; leicht würde mich sonst mein Schöpfer dahinraffen.

33. Kapitel

Fortsetzung:
Elihu straft Hiob wegen seiner Selbstrechtfertigung. Gottes Züchtigung dient zum Heil der Seele.

1 Höre doch, Hiob, meine Rede und merke auf alle meine Worte!

2 Siehe, ich tue meinen Mund auf, und meine Zunge redet in meinem Munde.

3 Mein Herz soll recht reden, und meine Lippen sollen den reinen Verstand sagen.

4 Der Geist Gottes hat mich gemacht, und der Odem des Allmächtigen hat mir das Leben gegeben.

5 Kannst du, so antworte mir; rüste dich gegen mich und stelle dich.

6 Siehe, ich bin Gottes ebensowohl als du, und aus Lehm bin ich auch gemacht.

7 Siehe, du darfst vor mir nicht erschrecken, und meine Hand soll dir nicht zu schwer sein.

8 Du hast geredet vor meinen Ohren; die Stimme deiner Reden mußte ich hören:

9 "Ich bin rein, ohne Missetat, unschuldig und habe keine Sünde;

10 siehe, er hat eine Sache gegen mich gefunden, er achtet mich für einen Feind;

11 er hat meinen Fuß in den Stock gelegt und hat acht auf alle meine Wege."

12 Siehe, darin hast du nicht recht, muß ich dir antworten; denn Gott ist mehr als ein Mensch.

13 Warum willst du mit ihm zanken, daß er dir nicht Rechenschaft gibt alles seines Tuns?

14 Denn in einer Weise redet Gott und wieder in einer anderen, nur achtet man's nicht.

15 Im Traum, im Nachtgesicht, wenn der

Schlaf auf die Leute fällt, wenn sie schlafen auf dem Bette,

16 da öffnet er das Ohr der Leute und schreckt sie und züchtigt sie,

17 daß er den Menschen von seinem Vornehmen wende und behüte ihn vor Hoffart

18 und verschone seine Seele vor dem Verderben und sein Leben, daß es nicht ins Schwert falle.

19 Auch straft er ihn mit Schmerzen auf seinem Bette und alle seinen Gebeine heftig

20 und richtet ihm sein Leben so zu, daß ihm vor seiner Speise ekelt, und seine Seele, daß sie nicht Lust zu essen hat.

21 Sein Fleisch verschwindet, daß man's nimmer sehen kann; und seine Gebeine werden zerschlagen, daß man sie nicht gerne ansieht,

22 daß seine Seele naht zum Verderben und sein Leben zu den Toten.

23 So dann für ihn ein Engel als Mittler eintritt, einer aus tausend, zu verkündigen dem Menschen, wie er solle recht tun,

24 so wird er ihm gnädig sein und sagen: "Erlöse ihn, daß er nicht

hinunterfahre ins Verderben; denn ich habe eine Versöhnung gefunden."

25 Sein Fleisch wird wieder grünen wie in der Jugend, und er wird wieder jung werden.

26 Er wird Gott bitten; der wird ihm Gnade erzeigen und wird ihn sein Antlitz sehen lassen mit Freuden und wird dem Menschen nach seiner Gerechtigkeit vergelten.

27 Er wird vor den Leuten bekennen und sagen: "Ich hatte gesündigt und das Recht verkehrt; aber es ist mir nicht vergolten worden.

28 Er hat meine Seele erlöst, daß sie nicht führe ins Verderben, sondern mein Leben das Licht sähe."

29 Siehe, das alles tut Gott zwei-oder dreimal mit einem jeglichen,

30 daß er seine Seele zurückhole aus dem Verderben und erleuchte ihn mit dem Licht der Lebendigen.

31 Merke auf, Hiob, und höre mir zu und schweige, daß ich rede!

32 Hast du aber was zu sagen, so antworte mir; Sage an! ich wollte dich gerne rechtfertigen.

33 Hast du aber nichts, so höre mir zu und schweige; ich will dich die Weisheit lehren.

34. Kapitel

Elihus zweite Rede:
er straft Hiobs vermessene Worte.
Der Allmächtige beugt das Recht nicht.

1 Und es hob an Elihu und sprach:
2 Hört, ihr Weisen, meine Rede, und ihr Verständigen, merkt auf mich!
3 Denn das Ohr prüft die Rede, und der Mund schmeckt die Speise.
4 Laßt uns ein Urteil finden, daß wir erkennen unter uns, was gut sei.
5 Denn Hiob hat gesagt: "Ich bin gerecht, und Gott weigert mir mein Recht;
6 ich muß lügen, ob ich wohl recht habe, und bin gequält von meinen Pfeilen, ob ich wohl nichts verschuldet habe."
7 Wer ist ein solcher Hiob, der da Spötterei trinkt wie Wasser
8 und auf dem Wege geht mit den

Übeltätern und wandelt mit gottlosen Leuten?

9 Denn er hat gesagt: "Wenn jemand schon fromm ist, so gilt er doch nichts bei Gott."

10 Darum hört mir zu, ihr weisen Leute: Es sei ferne, daß Gott sollte gottlos handeln und der Allmächtige ungerecht;

11 sondern er vergilt dem Menschen, darnach er verdient hat, und trifft einen jeglichen nach seinem Tun.

12 Ohne zweifel, Gott verdammt niemand mit Unrecht, und der Allmächtige beugt das Recht nicht.

13 Wer hat, was auf Erden ist, verordnet, und wer hat den ganzen Erdboden gesetzt?

14 So er nun an sich dächte, seinen Geist und Odem an sich zöge,

15 so würde alles Fleisch miteinander vergehen, und der Mensch würde wieder zu Staub werden.

16 Hast du nun Verstand, so höre das und merke auf die Stimme meiner Reden.

17 Kann auch, der das Recht haßt regieren? Oder willst du den, der gerecht und mächtig ist, verdammen?

18 Sollte einer zum König sagen: "Du heilloser Mann!" und zu den Fürsten: "Ihr Gottlosen!"?

19 Und er sieht nicht an die Person der Fürsten und kennt den Herrlichen nicht mehr als den Armen; denn sie sind alle seiner Hände Werk.

20 Plötzlich müssen die Leute sterben und zu Mitternacht erschrecken und vergehen; die Mächtigen werden weggenommen nicht durch Menschenhand.

21 Denn seine Augen sehen auf eines jeglichen Wege, und er schaut alle ihre Gänge.

22 Es ist keine Finsternis noch Dunkel, daß sich da möchten verbergen die Übeltäter.

23 Denn er darf auf den Menschen nicht erst lange achten, daß er vor Gott ins Gericht komme.

24 Er bringt die Stolzen um, ohne erst zu forschen, und stellt andere an ihre Statt:

25 darum daß er kennt ihre Werke und kehrt sie um des Nachts, daß sie zerschlagen werden.

26 Er straft sie ab wie die Gottlosen an einem Ort, da man es sieht:

27 darum daß sie von ihm weggewichen sind und verstanden seiner Wege keinen,

28 daß das Schreien der Armen mußte vor ihn kommen und er das Schreien der Elenden hörte.

29 Wenn er Frieden gibt, wer will verdammen? und wenn er das Antlitz verbirgt, wer will ihn schauen unter den Völkern und Leuten allzumal?

30 Denn er läßt nicht über sie regieren einen Heuchler, das Volk zu drängen.

31 Denn zu Gott muß man sagen: "Ich habe gebüßt, ich will nicht übel tun.

32 Habe ich's nicht getroffen, so lehre du mich's besser; habe ich Unrecht gehandelt, ich will's nicht mehr tun."

33 Soll er nach deinem Sinn vergelten? Denn du verwirfst alles; du hast zu wählen, und nicht ich. Weißt du nun was, so sage an.

34 Verständige Leute werden zu mir sagen und ein weiser Mann, der mir zuhört:

35 "Hiob redet mit Unverstand, und seine Worte sind nicht klug."

36 O, daß Hiob versucht würde bis ans Ende! darum daß er sich zu ungerechten Leuten kehrt.

37 Denn er hat über seine Sünde noch gelästert; er treibt Spott unter uns und macht seiner Reden viel wider Gott.

35. Kapitel

Elihus dritte Rede:
der Mensch schadet mit seiner Rede
nur sich selbst. Gott hält ein gerecht Gericht.

1 Und es hob an Elihu und sprach:

2 Achtest du das für Recht, daß du sprichst: "Ich bin gerechter denn Gott"?

3 Denn du sprichst: "Wer gilt bei dir etwas? Was hilft es, ob ich nicht sündige?"

4 Ich will dir antworten ein Wort und deinen Freunden mit dir.

5 Schaue gen Himmel und siehe; und schau an die Wolken, daß sie dir zu hoch sind.

6 Sündigst du, was kannst du ihm Schaden? Und ob deiner Missetaten viel ist, was kannst du ihm tun?

7 Und ob du gerecht seist, was kannst du ihm geben, oder was wird er von deinen Händen nehmen?

8 Einem Menschen, wie du bist, mag wohl etwas tun deine Bosheit, und einem Menschenkind deine Gerechtigkeit. [Aber ein Mensch wie du leidet unter deiner Gottlosigkeit, und einem Menschenkind nützt deine Gerechtigkeit. (14)]

9 Man schreit, daß viel Gewalt geschieht, und ruft über den Arm der Großen;

10 aber man fragt nicht: "Wo ist Gott, mein Schöpfer, der Lobgesänge gibt in der Nacht,

11 der uns klüger macht denn das Vieh auf Erden und weiser denn die Vögel unter dem Himmel?"

12 Da schreien sie über den Hochmut der Bösen, und er wird sie nicht erhören.

13 Denn Gott wird das Eitle nicht erhören, und der Allmächtige wird es nicht ansehen.

14 Nun sprichst du gar, du wirst ihn nicht sehen. Aber es ist ein Gericht vor ihm, harre sein nur! [Und wenn du sagst, du

kannst ihn nicht sehen: Der Rechtsfall liegt vor ihm, warte nur auf ihn! (15)]

15 ob auch sein Zorn so bald nicht heimsucht und er sich's nicht annimmt, daß so viel Laster da sind.

16 Darum hat Hiob seinen Mund umsonst aufgesperrt und gibt stolzes Gerede vor mit Unverstand.

36. Kapitel

*Elihus letzte Rede:
er verweist noch einmal
auf die Gerechtigkeit und Größe Gottes.*

1 Elihu redet weiter und sprach:

2 Harre mir noch ein wenig, ich will dir's zeigen; denn ich habe noch von Gottes wegen etwas zu sagen.

3 Ich will mein Wissen weither holen und beweisen, daß mein Schöpfer recht habe.

4 Meine Reden sollen ohne Zweifel nicht falsch sein; mein Verstand soll ohne Tadel vor dir sein.

5 Siehe, Gott ist mächtig, und verachtet

doch niemand; er ist mächtig von Kraft des Herzens.

6 Den Gottlosen erhält er nicht, sondern hilft dem Elenden zum Recht.

7 Er wendet seine Augen nicht von dem Gerechten; sondern mit Königen auf dem Thron läßt er sie sitzen immerdar, daß sie hoch bleiben.

8 Und wenn sie gefangen blieben in Stöcken und elend gebunden mit Stricken,

9 so verkündigt er ihnen, was sie getan haben, und ihre Untugenden, daß sie sich überhoben,

10 und öffnet ihnen das Ohr zur Zucht und sagt ihnen, daß sie sich von dem Unrechten bekehren sollen.

11 Gehorchen sie und dienen ihm, so werden sie bei guten Tagen alt werden und mit Lust leben.

12 Gehorchen sie nicht, so werden sie ins Schwert fallen und vergehen in Unverstand.

13 Die Heuchler werden voll Zorns; sie schreien nicht, wenn er sie gebunden hat.

14 So wird ihre Seele in der Jugend sterben und ihr Leben unter den Hurern.

15 Aber den Elenden wird er in seinem Elend erretten und dem Armen das Ohr öffnen in der Trübsal.

16 Und auch dich lockt er aus dem Rachen der Angst in weiten Raum, da keine Bedrängnis mehr ist; und an deinem Tische, voll des Guten, wirst du Ruhe haben.

17 Du aber machst die Sache der Gottlosen gut, daß ihre Sache und ihr Recht erhalten wird. [Bist du aber vom Urteil des Gottlosen erfüllt, so werden Urteil und Gericht dich treffen. (16)]

18 Siehe zu, daß nicht vielleicht Zorn dich verlocke zum Hohn, oder die Größe des Lösegelds dich verleite.

19 Meinst du, daß er deine Gewalt achte oder Gold oder irgend eine Stärke oder Vermögen?

20 Du darfst der Nacht nicht begehren, welche Völker wegnimmt von ihrer Stätte.

21 Hüte dich und kehre dich nicht zum Unrecht, wie du denn vor Elend angefangen hast.

22 Siehe Gott ist zu hoch in seiner Kraft; wo ist ein Lehrer, wie er ist?

23 Wer will ihm weisen seinen Weg, und wer will zu ihm sagen: "Du tust Unrecht?"

24 Gedenke daß du sein Werk erhebest, davon die Leute singen. [Denke daran, dass du sein Werk preist, das Menschen besingen! (17)]

25 Denn alle Menschen sehen es; die Leute schauen's von ferne.

26 Siehe Gott ist groß und unbekannt; seiner Jahre Zahl kann niemand erforschen.

27 Er macht das Wasser zu kleinen Tropfen und treibt seine Wolken zusammen zum Regen,

28 daß die Wolken fließen und triefen sehr auf die Menschen.

29 Wenn er sich vornimmt die Wolken auszubreiten wie sein hoch Gezelt,

30 siehe, so breitet er aus sein Licht über dieselben und bedeckt alle Enden des Meeres.

31 Denn damit schreckt er die Leute und gibt doch Speise die Fülle.

32 Er deckt den Blitz wie mit Händen und heißt ihn doch wieder kommen.

33 Davon zeugt sein Geselle, des Donners Zorn in den Wolken.

37. Kapitel

Schluß der Rede Elihus:
Gottes Majestät im Gewitter.

1 Des entsetzt sich mein Herz und bebt.

2 O höret doch, wie der Donner zürnt, und was für Gespräch von seinem Munde ausgeht!

3 Er läßt ihn hinfahren unter allen Himmeln, und sein Blitz scheint auf die Enden der Erde.

4 Ihm nach brüllt der Donner, und er donnert mit seinem großen Schall; und wenn sein Donner gehört wird, kann man's nicht aufhalten.

5 Gott donnert mit seinem Donner wunderbar und tut große Dinge und wird doch nicht erkannt.

6 Er spricht zum Schnee, so ist er bald auf Erden, und zum Platzregen, so ist der Platzregen da mit Macht.

7 Aller Menschen Hand hält er verschlossen, daß die Leute lernen, was er tun kann.

8 Das wilde Tier geht in seine Höhle und bleibt an seinem Ort.

9 Von Mittag her kommt Wetter und von Mitternacht Kälte.

10 Vom Odem Gottes kommt Frost, und große Wasser ziehen sich eng zusammen.

11 Die Wolken beschwert er mit Wasser, und durch das Gewölk bricht sein Licht.

12 Er kehrt die Wolken, wo er hin will, daß sie schaffen alles, was er ihnen gebeut, auf dem Erdboden:

13 es sei zur Züchtigung über ein Land oder zur Gnade, läßt er sie kommen.

14 Da merke auf, Hiob, stehe und vernimm die Wunder Gottes!

15 Weißt du wie Gott solches über sie bringt und wie er das Licht aus seinen Wolken läßt hervorbrechen?

16 Weißt du wie sich die Wolken ausstreuen, die Wunder des, der vollkommen ist an Wissen?

17 Du, des Kleider warm sind, wenn das Land still ist vom Mittagswinde,

18 ja, du wirst mit ihm den Himmel ausbreiten, der fest ist wie ein gegossener Spiegel.

19 Zeige uns, was wir ihm sagen sollen;

denn wir können nichts vorbringen vor Finsternis.

20 Wer wird ihm erzählen, daß ich wolle reden? So jemand redet, der wird verschlungen.

21 Jetzt sieht man das Licht nicht, das am Himmel hell leuchtet; wenn aber der Wind weht, so wird's klar.

22 Von Mitternacht kommt Gold; um Gott her ist schrecklicher Glanz.

23 Den Allmächtigen aber können wir nicht finden, der so groß ist von Kraft; das Recht und eine gute Sache beugt er nicht.

24 Darum müssen ihn fürchten die Leute; und er sieht keinen an, wie weise sie sind.

38. Kapitel

Erste Rede des Herrn aus dem Wetter:
er beschreibt die Wunder in der Schöpfung
und Regierung der Welt
und schlägt Hiobs Vorwitz darnieder.

1 Und der HERR antwortete Hiob aus dem Wetter und sprach:

2 Wer ist der, der den Ratschluß

verdunkelt mit Worten ohne Verstand?

3 Gürte deine Lenden wie ein Mann; ich will dich fragen, lehre mich!

4 Wo warst du, da ich die Erde gründete? Sage an, bist du so klug!

5 Weißt du, wer ihr das Maß gesetzt hat oder wer über sie eine Richtschnur gezogen hat?

6 Worauf stehen ihre Füße versenkt, oder wer hat ihren Eckstein gelegt,

7 da mich die Morgensterne miteinander lobten und jauchzten alle Kinder Gottes?

8 Wer hat das Meer mit Türen verschlossen, da es herausbrach wie aus Mutterleib,

9 da ich's mit Wolken kleidete und in Dunkel einwickelte wie in Windeln,

10 da ich ihm den Lauf brach mit meinem Damm und setzte ihm Riegel und Türen

11 und sprach: "Bis hierher sollst du kommen und nicht weiter; hier sollen sich legen deine stolzen Wellen!"?

12 Hast du bei deiner Zeit dem Morgen geboten und der Morgenröte ihren Ort gezeigt,

13 daß sie die Ecken der Erde fasse und die Gottlosen herausgeschüttelt werden?

14 Sie wandelt sich wie Ton unter dem Siegel, und alles steht da wie im Kleide.

15 Und den Gottlosen wird ihr Licht genommen, und der Arm der Hoffärtigen wird zerbrochen.

16 Bist du in den Grund des Meeres gekommen und in den Fußtapfen der Tiefe gewandelt?

17 Haben sich dir des Todes Tore je aufgetan, oder hast du gesehen die Tore der Finsternis?

18 Hast du vernommen wie breit die Erde sei? Sage an, weißt du solches alles!

19 Welches ist der Weg, da das Licht wohnt, und welches ist der Finsternis Stätte,

20 daß du mögest ergründen seine Grenze und merken den Pfad zu seinem Hause?

21 Du weißt es ja; denn zu der Zeit wurdest du geboren, und deiner Tage sind viel.

22 Bist du gewesen, da der Schnee her kommt, oder hast du gesehen, wo der Hagel her kommt,

23 die ich habe aufbehalten bis auf die Zeit der Trübsal und auf den Tag des Streites und Krieges?

24 Durch welchen Weg teilt sich das Licht und fährt der Ostwind hin über die Erde?

25 Wer hat dem Platzregen seinen Lauf ausgeteilt und den Weg dem Blitz und dem Donner

26 und läßt regnen aufs Land da niemand ist, in der Wüste, da kein Mensch ist,

27 daß er füllt die Einöde und Wildnis und macht, daß Gras wächst?

28 Wer ist des Regens Vater? Wer hat die Tropfen des Taues gezeugt?

29 Aus wes Leib ist das Eis gegangen, und wer hat den Reif unter dem Himmel gezeugt,

30 daß das Wasser verborgen wird wie unter Steinen und die Tiefe oben gefriert?

31 Kannst du die Bande der sieben Sterne zusammenbinden oder das Band des Orion auflösen?

32 Kannst du den Morgenstern hervorbringen zu seiner Zeit oder den

Bären am Himmel samt seinen Jungen heraufführen?

33 Weißt du des Himmels Ordnungen, oder bestimmst du seine Herrschaft über die Erde?

34 Kannst du deine Stimme zu der Wolke erheben, daß dich die Menge des Wassers bedecke?

35 Kannst du die Blitze auslassen, daß sie hinfahren und sprechen zu dir: Hier sind wir?

36 Wer gibt die Weisheit in das Verborgene? Wer gibt verständige Gedanken?

37 Wer ist so weise, der die Wolken zählen könnte? Wer kann die Wasserschläuche am Himmel ausschütten,

38 wenn der Staub begossen wird, daß er zuhauf läuft und die Schollen aneinander kleben?

39 Kannst du der Löwin ihren Raub zu jagen geben und die jungen Löwen sättigen,

40 wenn sie sich legen in ihre Stätten und ruhen in der Höhle, da sie lauern?

41 Wer bereitet den Raben die Speise, wenn seine Jungen zu Gott rufen und fliegen irre, weil sie nicht zu essen haben?

39. Kapitel

*Fortsetzung:
die Wunder der Tierwelt
bezeugen Gottes Weisheit.*

1 Weißt du die Zeit, wann die Gemsen auf den Felsen gebären? oder hast du gemerkt, wann die Hinden schwanger gehen?

2 Hast du gezählt ihre Monden, wann sie voll werden? oder weißt du die Zeit, wann sie gebären?

3 Sie beugen sich, lassen los ihre Jungen und werden los ihre Wehen.

4 Ihre Jungen werden feist und groß im Freien und gehen aus und kommen nicht wieder zu ihnen.

5 Wer hat den Wildesel so frei lassen gehen, wer hat die Bande des Flüchtigen gelöst,

6 dem ich die Einöde zum Hause gegeben habe und die Wüste zur Wohnung?

7 Er verlacht das Getümmel der Stadt; das Pochen des Treibers hört er nicht.

8 Er schaut nach den Bergen, da seine Weide ist, und sucht, wo es grün ist.

9 Meinst du das Einhorn werde dir dienen und werde bleiben an deiner Krippe?

10 Kannst du ihm dein Seil anknüpfen, die Furchen zu machen, daß es hinter dir brache in Tälern?

11 Magst du dich auf das Tier verlassen, daß es so stark ist, und wirst es dir lassen arbeiten?

12 Magst du ihm trauen, daß es deinen Samen dir wiederbringe und in deine Scheune sammle?

13 Der Fittich des Straußes hebt sich fröhlich. Dem frommen Storch gleicht er an Flügeln und Federn.

14 Doch läßt er seine Eier auf der Erde und läßt sie die heiße Erde ausbrüten.

15 Er vergißt, daß sie möchten zertreten werden und ein wildes Tier sie zerbreche.

16 Er wird so hart gegen seine Jungen, als wären sie nicht sein, achtet's nicht, daß er umsonst arbeitet.

17 Denn Gott hat ihm die Weisheit genommen und hat ihm keinen Verstand zugeteilt.

18 Zu der Zeit, da er hoch auffährt, verlacht er beide, Roß und Mann.

19 Kannst du dem Roß Kräfte geben oder seinen Hals zieren mit seiner Mähne?

20 Läßt du es aufspringen wie die Heuschrecken? Schrecklich ist sein prächtiges Schnauben.

21 Es stampft auf den Boden und ist freudig mit Kraft und zieht aus, den Geharnischten entgegen.

22 Es spottet der Furcht und erschrickt nicht und flieht vor dem Schwert nicht,

23 wenngleich über ihm klingt der Köcher und glänzen beide, Spieß und Lanze.

24 Es zittert und tobt und scharrt in die Erde und läßt sich nicht halten bei der Drommete [Trompete, Horn, Posaune] Hall.

25 So oft die Drommete klingt, spricht es:

Hui! und wittert den Streit von ferne, das Schreien der Fürsten und Jauchzen.

26 Fliegt der Habicht durch deinen Verstand und breitet seine Flügel gegen Mittag?

27 Fliegt der Adler auf deinen Befehl so hoch, daß er sein Nest in der Höhe macht?

28 In den Felsen wohnt er und bleibt auf den Zacken der Felsen und auf Berghöhen.

29 Von dort schaut er nach der Speise, und seine Augen sehen ferne.

30 Seine Jungen saufen Blut, und wo Erschlagene liegen, da ist er.

40. Kapitel

Hiob demütigt sich, vor Gott.
Zweite Rede des Herrn aus dem Wetter:
er schildert seine Macht an dem Behemoth
(Nilpferd) und dem Leviathan (Krokodil).

1 Und der HERR antwortete Hiob und sprach:

2 Will mit dem Allmächtigen rechten der

Haderer? Wer Gott tadelt, soll's der nicht verantworten?

3 Hiob aber antwortete dem HERRN und sprach:

4 Siehe, ich bin zu leichtfertig gewesen; was soll ich verantworten? Ich will meine Hand auf meinen Mund legen.

5 Ich habe einmal geredet, und will nicht antworten; zum andernmal will ich's nicht mehr tun.

6 Und der HERR antwortete Hiob aus dem Wetter und sprach:

7 Gürte wie ein Mann deine Lenden; ich will dich fragen, lehre mich!

8 Solltest du mein Urteil zunichte machen und mich verdammen, daß du gerecht seist?

9 Hast du einen Arm wie Gott, und kannst mit gleicher Stimme donnern, wie er tut?

10 Schmücke dich mit Pracht und erhebe dich; ziehe Majestät und Herrlichkeit an!

11 Streue aus den Zorn deines Grimmes; schaue an die Hochmütigen, wo sie sind, und demütige sie!

12 Ja, schaue die Hochmütigen, wo sie

sind und beuge sie; und zermalme die Gottlosen, wo sie sind!

[11 Lass die Fluten deines Zorns sich ergiessen, und erniedrige jeden Stolzen mit deinem Blick,

12 mit deinem Blick beuge jeden Stolzen nieder, und zertritt die Frevler an ihrem Ort! (18)]

13 Verscharre sie miteinander in die Erde und versenke ihre Pracht ins Verborgene,

14 so will ich dir auch bekennen, daß dir deine rechte Hand helfen kann.

15 Siehe da, den Behemoth, den ich neben dir gemacht habe; er frißt Gras wie ein Ochse.

16 Siehe seine Kraft ist in seinen Lenden und sein Vermögen in den Sehnen seines Bauches.

17 Sein Schwanz streckt sich wie eine Zeder; die Sehnen seiner Schenkel sind dicht geflochten.

18 Seine Knochen sind wie eherne Röhren; seine Gebeine sind wie eiserne Stäbe.

19 Er ist der Anfang der Wege Gottes;

der ihn gemacht hat, der gab ihm sein Schwert.

20 Die Berge tragen ihm Kräuter, und alle wilden Tiere spielen daselbst.

21 Er liegt gern im Schatten, im Rohr und im Schlamm verborgen.

22 Das Gebüsch bedeckt ihn mit seinem Schatten, und die Bachweiden umgeben ihn.

23 Siehe, er schluckt in sich den Strom und achtet's nicht groß; läßt sich dünken, er wolle den Jordan mit seinem Munde ausschöpfen.

24 Fängt man ihn wohl vor seinen Augen und durchbohrt ihm mit Stricken seine Nase?

41. Kapitel

Fortsetzung der Schilderung des Leviathan.

1 (K. 40, 25) Kannst du den Leviathan ziehen mit dem Haken und seine Zunge mit einer Schnur fassen?

2 (26) Kannst du ihm eine Angel in die

Nase legen und mit einem Stachel ihm die Backen durchbohren?

3 (27) Meinst du, er werde dir viel Flehens machen oder dir heucheln?

4 (28) Meinst du, daß er einen Bund mit dir machen werde, daß du ihn immer zum Knecht habest?

5 (29) Kannst du mit ihm spielen wie mit einem Vogel oder ihn für deine Dirnen anbinden?

6 (30) Meinst du die Genossen werden ihn zerschneiden, daß er unter die Kaufleute zerteilt wird?

7 (31) Kannst du mit Spießen füllen seine Haut und mit Fischerhaken seinen Kopf?

8 (32) Wenn du deine Hand an ihn legst, so gedenke, daß es ein Streit ist, den du nicht ausführen wirst.

9 (41, 1) Siehe, die Hoffnung wird jedem fehlen; schon wenn er seiner ansichtig wird, stürzt er zu Boden.

10 (2) Niemand ist so kühn, daß er ihn reizen darf; wer ist denn, der vor mir stehen könnte?

11 (3) Wer hat mir etwas zuvor getan, daß ich's ihm vergelte? Es ist mein, was unter allen Himmeln ist. [Wer hat je etwas

für mich getan, dass ich ihm etwas schuldig wäre? Mir gehört alles, was unter dem Himmel ist. (18)]

12 (4) Dazu muß ich nun sagen, wie groß, wie mächtig und wohlgeschaffen er ist.

13 (5) Wer kann ihm sein Kleid aufdecken? und wer darf es wagen, ihm zwischen die Zähne zu greifen?

14 (6) Wer kann die Kinnbacken seines Antlitzes auftun? Schrecklich stehen seine Zähne umher.

15 (7) Seine stolzen Schuppen sind wie feste Schilde, fest und eng ineinander.

16 (8) Eine rührt an die andere, daß nicht ein Lüftlein dazwischengeht.

17 (9) Es hängt eine an der andern, und halten zusammen, daß sie sich nicht voneinander trennen.

18 (10) Sein Niesen glänzt wie ein Licht; seine Augen sind wie die Wimpern der Morgenröte.

19 (11) Aus seinem Munde fahren Fackeln, und feurige Funken schießen heraus.

20 (12) Aus seiner Nase geht Rauch wie von heißen Töpfen und Kesseln.

21 (13) Sein Odem ist wie eine lichte Lohe, und aus seinem Munde gehen Flammen.

22 (14) Auf seinem Hals wohnt die Stärke, und vor ihm her hüpft die Angst.

23 (15) Die Gliedmaßen seines Fleisches hangen aneinander und halten hart an ihm, daß er nicht zerfallen kann.

24 (16) Sein Herz ist so hart wie ein Stein und so fest wie ein unterer Mühlstein.

25 (17) Wenn er sich erhebt, so entsetzen sich die Starken; und wenn er daherbricht, so ist keine Gnade da.

26 (18) Wenn man zu ihm will mit dem Schwert, so regt er sich nicht, oder mit Spieß, Geschoß und Panzer.

27 (19) Er achtet Eisen wie Stroh, und Erz wie faules Holz.

28 (20) Kein Pfeil wird ihn verjagen; die Schleudersteine sind ihm wie Stoppeln.

29 (21) Die Keule achtet er wie Stoppeln; er spottet der bebenden Lanze.

30 (22) Unten an ihm sind scharfe Scherben; er fährt wie mit einem Dreschwagen über den Schlamm.

31 (23) Er macht, daß der tiefe See

siedet wie ein Topf, und rührt ihn ineinander, wie man eine Salbe mengt.

32 (24) Nach ihm leuchtet der Weg; er macht die Tiefe ganz grau.

33 (25) Auf Erden ist seinesgleichen niemand; er ist gemacht, ohne Furcht zu sein.

34 (26) Er verachtet alles, was hoch ist; er ist ein König über alles stolze Wild.

42. Kapitel

Hiobs Buße.
Gott rechtfertigt ihn gegen seine Freunde
und segnet ihn mehr denn zuvor.

1 Und Hiob antwortete dem HERRN und sprach:

2 Ich erkenne, daß du alles vermagst, und nichts, das du dir vorgenommen, ist dir zu schwer.

3 "Wer ist der, der den Ratschluß verhüllt mit Unverstand?" ["Wer ist's, der da den Ratschluß Gottes verdunkelt ohne Einsicht?" (20)] Darum bekenne ich, daß

ich habe unweise geredet, was mir zu hoch ist und ich nicht verstehe.

4 "So höre nun, laß mich reden; ich will dich fragen, lehre mich!"

5 Ich hatte von dir mit den Ohren gehört; aber nun hat dich mein Auge gesehen.

6 Darum spreche ich mich schuldig und tue Buße in Staub und Asche.

7 Da nun der HERR mit Hiob diese Worte geredet hatte, sprach er zu Eliphas von Theman: Mein Zorn ist ergrimmt über dich und deine zwei Freunde; denn ihr habt nicht recht von mir geredet wie mein Knecht Hiob.

8 So nehmt nun sieben Farren und sieben Widder und geht hin zu meinem Knecht Hiob und opfert Brandopfer für euch und laßt meinen Knecht Hiob für euch bitten. Denn ich will ihn ansehen, daß ich an euch nicht tue nach eurer Torheit; denn ihr habt nicht recht von mir geredet wie mein Knecht Hiob.

9 Da gingen hin Eliphas von Theman, Bildad von Suah und Zophar von Naema und taten, wie der HERR ihnen gesagt hatte; und der HERR sah an Hiob.

10 Und der HERR wandte das Gefängnis Hiobs, da er bat für seine Freunde. Und der Herr gab Hiob zwiefältig so viel, als er gehabt hatte.

11 Und es kamen zu ihm alle seine Brüder und alle seine Schwestern und alle, die ihn vormals kannten, und aßen mit ihm in seinem Hause und kehrten sich zu ihm und trösteten ihn über alles Übel, das der HERR hatte über ihn kommen lassen. Und ein jeglicher gab ihm einen schönen Groschen und ein goldenes Stirnband.

12 Und der HERR segnete hernach Hiob mehr denn zuvor, daß er kriegte vierzehntausend Schafe und sechstausend Kamele und tausend Joch Rinder und tausend Eselinnen.

13 Und er kriegte sieben Söhne und drei Töchter;

14 und hieß die erste Jemima, die andere Kezia und die dritte Keren-Happuch.

15 Und wurden nicht so schöne Weiber gefunden in allen Landen wie die Töchter Hiobs. Und ihr Vater gab ihnen Erbteil unter ihren Brüdern.

16 Und Hiob lebte nach diesem hundert und vierzig Jahre, daß er sah Kinder und Kindeskinder bis ins vierte Glied.

17 Und Hiob starb alt und lebenssatt.

Anhang und Register

(1) Menge Bibel

(2) Schlachter Bibel

(3) Züricher Bibel

(4) Menge Bibel

(5) Schlachter 2000

(6) Züricher Bibel

(7) Elberfelder Bibel

(8) Menge Bibel

(9) verhehlen - jemandem etwas (besonders Gefühle, Gedanken) verschweigen, es vor ihm verbergen

(10) verhohlen - nicht offen gezeigt, geäußert

(11) Menge Bibel

(12) Elberfelder Bibel

(13) Züricher Bibel

(14) Schlachter 2000

(15) Züricher Bibel

(16) Schlachter 2000

(17) Elberfelder Bibel

(18) Züricher Bibel

(19) Züricher Bibel

(20) Menge Bibel